Ada Borkenhagen, Elmar Brähler (Hg.)
Wer liebt, der straft?

Unter anderem folgende Titel sind bisher im Psychosozial-Verlag in der Reihe »Beiträge zur Sexualforschung« erschienen:

BAND 86 Martin Dannecker, Agnes Katzenbach (Hg.): 100 Jahre Freuds »Drei Abhandlungen zur Sexualtheorie«. Aktualität und Anspruch. 2005.
BAND 87 Volkmar Sigusch: Sexuelle Welten. Zwischenrufe eines Sexualforschers. 2005.
BAND 88 Norbert Elb: SM-Sexualität. Selbstorganisation einer sexuellen Subkultur. 2006.
BAND 89 Silja Matthiesen: Wandel von Liebesbeziehungen und Sexualität. Empirische und theoretische Analysen. 2007.
BAND 90 Andreas Hill, Peer Briken, Wolfgang Berner (Hg.): Lust-voller Schmerz. Sadomasochistische Perspektiven. 2008.
BAND 91 Sabine zur Nieden: Weibliche Ejakulation. 2009.
BAND 92 Irene Berkel (Hg.): Postsexualität. Zur Transformation des Begehrens. 2009.
BAND 93 Sophinette Becker, Margret Hauch, Helmut Leiblein (Hg.): Sex, Lügen und Internet. Sexualwissenschaftliche und psychotherapeutische Perspektiven. 2009.
BAND 94 Thorsten Benkel, Fehmi Akalin (Hg.): Soziale Dimensionen der Sexualität. 2010.
BAND 95 Ada Borkenhagen, Elmar Brähler (Hg.): Intimmodifikationen. Spielarten und ihre psychosozialen Bedeutungen. 2010.
BAND 96 Katinka Schweizer, Hertha Richter-Appelt (Hg.): Intersexualität kontrovers. Grundlagen, Erfahrungen, Positionen. 2012.
BAND 97 Agatha Merk (Hg.): Cybersex. Psychoanalytische Perspektiven. 2014.
BAND 98 Hertha Richter-Appelt, Timo O. Nieder (Hg.): Transgender-Gesundheitsversorgung. Eine kommentierte Herausgabe der *Standards of Care* der World Professional Association for Transgender Health. 2014.
BAND 99 Katinka Schweizer, Franziska Brunner, Susanne Cerwenka, Timo O. Nieder, Peer Briken (Hg.): Sexualität und Geschlecht. Psychosoziale, kultur- und sexualwissenschaftliche Perspektiven. 2014.
BAND 100 Wiebke Driemeyer, Benjamin Gedrose, Armin Hoyer, Lisa Rustige (Hg.): Grenzverschiebungen des Sexuellen. Perspektiven einer jungen Sexualwissenschaft. 2015.
BAND 101 Julia Riegler: Wenn Sex schmerzt. Biografische und soziale Genese einer sogenannten »Sexualstörung«. 2015.
BAND 102 Maximilian Schochow, Saskia Gehrmann, Florian Steger (Hg.): Inter* und Trans*identitäten. Ethische, soziale und juristische Aspekte. 2016.
BAND 103 Maximilian Schochow, Florian Steger (Hg.): Hermaphroditen. Medizinische, juristische und theologische Texte aus dem 18. Jahrhundert. 2016.
BAND 104 Katharina Jacke: Widersprüche des Medizinischen. Eine wissenssoziologische Studie zu Konzepten der »Transsexualität«. 2016.

BAND 105

BEITRÄGE ZUR SEXUALFORSCHUNG

ORGAN DER DEUTSCHEN GESELLSCHAFT FÜR SEXUALFORSCHUNG
HERAUSGEGEBEN VON HERTHA RICHTER-APPELT, SOPHINETTE BECKER,
ANDREAS HILL UND MARTIN DANNECKER

Ada Borkenhagen, Elmar Brähler (Hg.)

Wer liebt, der straft?

SM- und BDSM-Erotik
zwischen Pathologisierung und Anerkennung

Mit Beiträgen von Robin Bauer, Ada Borkenhagen,
Elmar Brähler, Norbert Elb, Lilian-Astrid Geese,
Bernd Heimerl, Christoph Klotter, Sibylle Schulz,
Angelika Tsaros, Elisabeth Wagner und Volker Woltersdorff

Psychosozial-Verlag

Bibliografische Information der Deutschen Nationalbibliothek
Die Deutsche Nationalbibliothek verzeichnet diese Publikation in der Deutschen
Nationalbibliografie; detaillierte bibliografische Daten sind im Internet
über http://dnb.d-nb.de abrufbar.

Originalausgabe
© 2016 Psychosozial-Verlag
Walltorstr. 10, D-35390 Gießen
Fon: 06 41 - 96 99 78 - 18; Fax: 06 41 - 96 99 78 - 19
E-Mail: info@psychosozial-verlag.de
www.psychosozial-verlag.de
Alle Rechte vorbehalten. Kein Teil des Werkes darf in irgendeiner Form
(durch Fotografie, Mikrofilm oder andere Verfahren) ohne schriftliche Genehmigung
des Verlages reproduziert oder unter Verwendung elektronischer Systeme
verarbeitet, vervielfältigt oder verbreitet werden.
Umschlagabbildung: Félicien Rops, »Qui aime bien châtie bien«
(Wer liebt, der straft), um 1880
Umschlaggestaltung & Innenlayout nach Entwürfen von
Hanspeter Ludwig, Wetzlar
www.imaginary-world.de
Satz: metiTEC-Software, me-ti GmbH, Berlin
ISBN 978-3-8379-2574-6

Inhalt

Wer liebt, der straft   7
Eine Einführung

Zum Film *Venus im Pelz*   11
Die Aufführung einer masochistischen Liebe
Bernd Heimerl

Marquis de Sade   21
Christoph Klotter

**Provozierende Gedanken
zu einer provokanten Romanze**   39
Eva Illouz über die neue Liebesordnung und *Shades of Grey*
Lilian-Astrid Geese

Arbeit an Grenzen   45
SM-Praktiken im Konflikt mit Normalitätsvorstellungen
Elisabeth Wagner

Consensual non-consent   63
Ein Vergleich zwischen E. L. James' *Shades of Grey –
Geheimes Verlangen* und Pauline Réages *Geschichte der O*
Angelika Tsaros

Fifty Shades of Sadomasochism 83
Die erotische Bestsellertrilogie *Fifty Shades of Grey* und der gesellschaftliche Stellenwert von Sadomasochismus
Sibylle Schulz

Promemoria zu asynchronen sexuellen Verhalten, Triebtätersyndrom, immateriellen und rematerialisierten Fetischen, Liebe/Erotik-Dilemma 97
Norbert Elb

Zur Dialektik von Lust und Tabu in Zeiten prekärer Geschlechterverhältnisse 113
Volker Woltersdorff

Vom liberalen zum kritischen Konsens 129
Ein empirischer Blick auf Praxen der Aushandlung von Konsens in queeren BDSM-Kontexten
Robin Bauer

Autorinnen und Autoren 143

Wer liebt, der straft

Eine Einführung

Ab 2011 schien die Roman-Trilogie *Fifty Shades of Grey* der britischen Autorin E. L. James die Welt im doppelten Sinn des Wortes zu fesseln. Der sensationelle Verkaufserfolg des Romans, der sadomasochistische Sexualpraktiken innerhalb einer konventionellen Liebesbeziehung popularisiert, rettete 2012 nicht nur die Bilanzen der Bertelsmann-Tochter Random House und katapultierte den Sadomaso-Schmöker für geraume Zeit auf Platz eins der Taschenbuch-Charts. Sadomasochistische Praktiken waren plötzlich in aller Munde und BDSM (Akronym aus Bondage & Discipline, Dominance & Submission sowie Sado-Masochism) schickte sich an, zu einem bedeutenden Thema in den Sozial- und Kulturwissenschaften zu werden. Für die israelische Soziologin Eva Illouz manifestiert sich in *Shades of Grey* gar die neue Liebesordnung der Spätmoderne. Dabei bewegt sich die Diskussion um SM- und BDSM-Erotik zwischen Pathologisierung und Anerkennung. Konstitutiv für SM- und BDSM-Praktiken ist ein definierter Rahmen, der diskursiv in der erotischen Beziehung ausgehandelt werden muss. Diesem diskursiven Element im Sinne eines konsensuellen Verhandlungs- und Vertragsmodells zollt das vorliegende Buch besondere Aufmerksamkeit. Dabei kommen anerkannte Sozial- und KulturwissenschaftlerInnen, aber auch KennerInnen der Szene zu Wort.

Den Anfang des Sammelbandes macht *Bernd Heimerl* mit seiner Besprechung des Films *Venus im Pelz* von Roman Polanski (2013) als filmische Umsetzung der Novelle von Leopold Ritter von Sacher-Masoch. Sacher-Masoch beschrieb in seiner Novelle eine sadistisch-masochistische Beziehung und avancierte durch Krafft-Ebing zum Namensgeber des Masochismus. Heimerl analysiert unter Rückgriff auf die Psychoanalyse die Theatralisierung der masochistischen Liebe und die filmische Darstellung der masochistischen Veranstaltung in Polanskis *Venus im Pelz*. Er zeigt auf, wie die in der Novelle angelegte wechselseitige Unterwerfungsdynamik von Polanski auf der Folie eines modernen Geschlechterkampfes reinszeniert wird, bei dem die »Frau Projektiv der männlichen Phantasie« wird.

Im Anschluss expliziert *Christoph Klotter* das Skandalon, das die Schriften des Marquis de Sade bis heute darstellen, nämlich »nicht auf der Seite des Guten stehen zu wollen« und damit »die bösen Taten des 20. Jahrhunderts eben als diese« zu enthüllen. Nach Klotter besteht die Radikalität von de Sade in seinem Beharren auf der Existenz des Bösen als genuinem Bestandteil der menschlichen Natur, wobei das Böse allererst die Möglichkeit der Differenz zum anderen schaffe. Und weil das Böse des de Sade jederzeit zuschlagen kann, entzieht es sich nach Klotter auch der im aktuellen Diskurs um SM gepriesenen Verhandlungslogik, mit der deren Anhänger hoffen, diesem Unverfügbaren Herr zu werden.

Ist mit den ersten Beiträgen die Weite des Feldes grob umrissen, so expliziert *Lilian-Astrid Geese* im Anschluss Eva Illouz' Postulat der neuen Liebesordnung, wie sie sich exemplarisch in *Shades of Grey* zeige, in prägnanten Thesen.

Elisabeth Wagner knüpft mit ihrem Beitrag »Arbeit an Grenzen: SM-Praktiken im Konflikt mit Normalitätsvorstellungen« hier unmittelbar an, indem sie der Frage nachgeht, inwiefern *Shades of Grey* tatsächlich als Beispiel für die Liberalisierung und Pluralisierung von SM-Sexualität gelten kann. Dabei kommt sie anhand der Analyse von Interviews von SM-Praktizierenden zu dem Schluss, dass »SM nicht einfach in Normalität aufgeht«, »sondern als ein dauerhaft legitimationsbedürftiges Feld gekennzeichnet« ist. Besonders *Shades of Grey* führt nach Ansicht von Wagner dies geradezu mustergültig vor, weil SM-Praktiken zwar einerseits für ein »abenteuerliches, tabubrechendes und ekstatisches Sexualleben« stehen, SM aber letztlich mit »Bindungsunfähigkeit und einem pathologischen Hintergrund« gleichgesetzt bleibt.

Auch *Angelika Tsaros* weist in ihrem Beitrag »Consensual non-consent: Ein Vergleich zwischen E. L. James' *Shades of Grey – Geheimes Verlangen* und Pauline Réages *Geschichte der O*« auf die normativen und regulativen Tendenzen in *Shades of Grey* hin, die sie detailliert in den unterschiedlichen Consent-Konzeptionen beider Texte nachweist. Während sich in der *Geschichte der O* eine autoritäre, von Zwang geprägte Form der Zustimmung findet, findet sich in *Shades of Grey* eine reziproke Übereinkunft. Auch nach Tsaros vertieft *Shades of Grey* die Differenz zwischen einem normalisierten und einem pathologisierten Begehren des SM.

Sybille Schulz geht anhand von Leitfadeninterviews der Frage nach, ob und inwiefern mit *Fifty Shades of Grey* die Perversion zu einer sexuellen Präferenz des Mainstreams geworden ist. Sie kommt zu dem Schluss, »dass aus der einstigen

Perversion Sadomasochismus eine von unzähligen ›Neosexualitäten‹ geworden ist« dennoch »die Pathologisierung von sadomasochistischen Sexualpraktiken und -neigungen [...] nicht verschwunden [ist], ebenso wenig wie die Etikettierung als ›pervers‹«.

Norbert Elb erörtert in seinen Merkpunkten einige Aspekte der unter dem Akronym ›Bondage & Discipline‹, ›Dominance & Submission‹ sowie ›Sado-Masochism‹ (BDSM) subsumierten vielgestaltigen sexuellen Phänomene, wobei er den Begriff BDSM als Relativierung sadomasochistischer Sexualität infrage stellt. Er definiert (BD)SM-Sexualität als asynchron, deren Asynchronizität mit Hierarchie, erotisierter Gewalt oder machtgebenden Fetischen produziert wird. In Bezug auf die Dynamiken von (BD)SM-Beziehungen stellt er fest, dass »(BD)SM-Ehen, eheähnliche Partnerschaften, langfristige sexuelle Beziehungen ähnliche – sozusagen systemimmanente – Probleme« wie konventionelle langfristige sexuelle Beziehungen aufweisen. Abschließend fragt er, ob die asynchrone Struktur der sexuellen Begegnung zwischen (BD)SMlerInnen ein Versuch sei, mit dem allgemeinen »Liebe/Erotik-Dilemma« in konstruktiver Weise umzugehen.

Volker Woltersdorff dekonstruiert in seinem Beitrag »Zur Dialektik von Lust und Tabu in Zeiten prekärer Geschlechterverhältnisse« sowohl das sexuelle Tabu als auch die Lust, die es erzeugt, durch Rekurs auf Foucaults Denken als kontingent und historisch. Anhand teilnehmender Beobachtungen an 20 Diskussionen, die er zwischen 2005 und 2008 mit Gruppen praktizierender BDSMlerInnen in Deutschland, Österreich und Frankreich geführt hat, geht er der Frage nach, wie die Tabulosigkeit postmoderner Sexualität inszeniert wird.

Robin Bauer analysiert den Konsens als Kernelement des Selbstverständnisses von BDSM-Praktizierenden. Er arbeitet die Verkürzungen des liberalen Konsensverständnisses heraus und plädiert für ein kritisches Konsenskonzept, dass Kriterien für die Unterscheidung von Sexualität und sexueller Gewalt an die Hand gibt.

Berlin und Gießen im Januar 2016
Ada Borkenhagen & Elmar Brähler

Zum Film *Venus im Pelz*

Die Aufführung einer masochistischen Liebe

Bernd Heimerl

> I walked into love, I walked into a minefield
> I never heard of.
> Ane Brun, »The Puzzle« aus dem Album
> Changing of the seasons, 2008

Prolog

Der Begriff Masochismus, den Richard von Krafft-Ebing in die psychologisch-psychiatrische Nomenklatur einführte, geht auf die Novelle *Venus im Pelz* zurück und bezieht sich direkt auf den Namen Leopold Ritter von Sacher-Masoch (1836–1895). Die *Venus im Pelz* ist 1870 innerhalb des Novellenzyklus *Das Vermächtnis Kains* (1870–1877) erschienen, in dem Sacher-Masoch unterschiedliche Formen der Liebe behandelt.

Die Novelle *Venus im Pelz* beginnt mit einer Traumsequenz: Venus erscheint Severin von Kusiemski im Traum während einer unterbrochenen Hegellektüre. Die Traumgestalt Venus bohrt sich in seine innere und äußere Welt und erscheint ihm zufällig zu einem späteren Zeitpunkt in der Gestalt Wanda von Dunajew materialisiert. Die anfängliche Beziehung beider entwickelt sich zu einer sadistisch-masochistischen Beziehungskonstellation, in der Wanda zur Herrin, Severin zum Sklaven wird. Sacher-Masoch setzt den Schwerpunkt auf den masochistischen Aspekt dieser Liebe. Severin ist der Protagonist der Erzählung: Es ist die Sprache des Opfers, denn nur das Opfer kann den Masochismus beschreiben. Diese vertraglich besiegelte Paarbeziehung verändert sich nochmals, als eine dritte, männliche Person – der Grieche – auftaucht und sich Severin infolgedessen auf dramatische Weise von Wanda trennt.

Der Film *Venus im Pelz (La Venus à la fourrure, Venus in fur)*

Der Film *Venus im Pelz* von Roman Polanski hatte 2013 bei den Internationalen Festspielen in Cannes Premiere. Im November 2013 kam er in das deutsche Kino.

Roman Polanski hat sich an die filmische Umsetzung der Skandal-Novelle Leopold Ritter von Sacher-Masochs *Venus im Pelz* gewagt und den Bühnentext des US-Amerikaners David Ives als Zwei-Personen-Kammerspiel in Szene gesetzt. Diese Literaturverfilmung ist als mediales Ereignis eigenständig zu interpretieren und erhält durch die Filmsprache Polanskis eine spezifische Note, welche durch die masochistische Filmaufführung eine besondere Tiefe erlaubt.

Der Film spielt auf einer vorgegebenen Theaterbühne: zeitlos, imaginär und interaktionell. Die männliche Figur ist Thomas, gespielt von Mathieu Amalric. Er ist zugleich Regisseur und Drehbuchautor des Stückes. In der Novelle entspricht Thomas der Figur Severin von Kusiemski. Die weibliche Figur im Film ist Vanda, gespielt von Polanskis Ehefrau Emmanuelle Seigner – potenzielle Schauspielerin für die Rolle der Wanda von Dujanew. Weitere Personen gibt es nicht, lediglich die Stimme von Thomas' Freundin am Mobiltelefon ist vereinzelt zu hören.

Das Stück beginnt mit Vorsprechen mit wechselnden Handlungsanweisungen und damit zunächst fixierten Handlungsabläufen. Im Verlauf vermischen sich Rollen und Realität beider Figuren. Thomas und Vanda kreieren zunehmend eine spezifische soziale und psychische Wirklichkeit. Die Inszenierung zu Beginn des Films verändert sich zur Aufführung – als etwas Einmaliges und Unwiederholbares – und erhält dadurch einen performativen Charakter. Das bedeutet: Exakt dieselbe Konstellation zwischen Thomas und Vanda wird sich nicht ein zweites Mal einstellen. Die sadistisch-masochistische Beziehungsregulierung mit ihrem Vertragselement und ihrer fixierten Herrschaftsposition versucht der Unvorhersehbarkeit des Ablaufs zu entkommen.

Darüber hinaus zieht der Film den Zuschauer in eine voyeuristische Position und provoziert einen Blick – wie durch ein Schlüsselloch – in einen sowohl verbotenen als auch klaustrophobischen Raum. Der Raum ist eine fiktive Theaterbühne mit den Requisiten einer vorangegangen Aufführung: einer Wildwestszene. Dieser Rahmen – der vorgegebene Raum – hört mit dem Ende des Stücks nicht auf zu bestehen und kann als Art Behälter der Inszenierung gedacht werden. Die Bühne wird zum Abenteuerspielplatz und einer Illusion. Der Blick in diesen illusionären Raum macht den Zuschauer zum Zeugen einer Auseinandersetzung um Unterwerfung, Dominanz, Entwertung, Anerkennung, Täuschung und Lust: all das in einer zumeist spielerischen, aber auch kämpferischen Begegnung zwischen einem Mann und einer Frau. Es geht zum einen um die Lust, sich mit der Sprache und der eigenen Stimme sowie dem Verkleiden und Entblößen zu vergnügen, und zum anderen um die Lust am Spiel mit sexueller Spannung ohne endgültige Entladung. Die wechselseitige Unterwerfung des Anderen ist im Film das wiederkehrende Thema und definiert die Verbindung zwischen Thomas und Vanda. Diese Dynamik ist im literarischen Text *Venus im Pelz* angelegt und wird von Polanski mit seinem Film in die heutige Zeit transportiert und neu als ein Geschlechterkampf aufgelegt: nämlich die Frau als Projektiv der männlichen Fantasie zu benutzen.

Dabei ist für Vanda das Stück ein »Sadomaso-Porno«, für Thomas eine »Liebesgeschichte«: Der nüchternen Vernunft Vandas steht die schwärmerische Fantasie Thomas' gegenüber.

Der Zuschauer wartet vergeblich auf einen sexuellen Akt, weitaus erregender sind die verzögerten feinen Andeutungen und das stille Warten auf eine sexuelle Handlung sowie die Körperbewegung und das Geräusch der Handlung selbst. Grandios ist die langsame und detaillierte Kameraeinstellung, in der Thomas den Reißverschluss des ledernen Schaftstiefels von Vanda schließt. Diese Reißverschluss-Szene ist ein zentrales Beispiel für die masochistische Inszenierung. Das Schließen des Reißverschlusses folgt einem präzisen vorgegebenen Ablaufplan. Durch die zeitliche Ausdehnung eines sexuell konnotierten Geschehens entsteht eine dichte sinnliche Atmosphäre. Der französische Philosoph Gilles Deleuze (1980) schreibt in dem Nachwort der Novelle in seiner *Studie über den Masochismus*, dass die Form des Masochismus das Warten sei. Es kommt zu keiner realen Wunscherfüllung, die Spannung wird durch das Warten in der Fantasie – im illusionären Raum – gehalten.

Nicht die Realität ist erregend, sondern die Idee der Realität: kongenial von Polanski mit dem Zwei-Personen-Kammerspiel als Rollen-Vorsprechen in Szene gesetzt. So entwickelt sich die Geschichte zunehmend zu einem surrealen polymorph-perversen Szenario.

Der Raum der masochistischen Aufführung ist durch die Requisiten der Wildwestszene festgelegt. Der geometrische Raum ist bereits vor der Aufführung gegeben und hört mit ihrem Ende nicht auf zu bestehen. Die Theaterwissenschaftlerin Erika Fischer-Lichte unterscheidet zwischen dem Raum und der Räumlichkeit einer Aufführung. Die Räumlichkeit »wird erst in der und durch die Aufführung hervorgebracht – sie wird performativ erzeugt. So entsteht die Räumlichkeit durch die jeweils genutzten Möglichkeiten« (Fischer-Lichte, 2013, S. 58).

Die Räumlichkeit in *Venus im Pelz* wird von Thomas und Vanda hergestellt und entsteht in ihrem Verlauf – beginnend mit der Veränderung des Lichts durch Vanda – und ist in diesem Sinne instabil beweglich. Auch hier beweist Polanski eine kreative Umsetzung: Das Bühnenbild im Film ist eine Wildwestszene mit übergroßen nachgebildeten Kakteen und Saloon-Möbeln. Der größte Kaktus auf der Bühne scheint zum Ende des Films in einen riesigen Phallus umgewandelt – er bleibt ein Kaktus, wird aber imaginär zum Phallus –, an dem Thomas später als Frau verkleidet von Vanda mit einem Seil festgebunden wird. Alles wird zum Abbild der Wirklichkeit und scheint aus dem herkömmlichen Kontext verschoben. Das Reale wird fiktionalisiert und realisiert die Fiktion. Ein weiteres Beispiel ist die Ottomane, die als Teil der Requisiten zur psychoanalytischen Couch umgewandelt wird. Auf der Ottomane liegt Thomas, während Vanda mit dem Habitus einer Psychoanalytikerin und in männlich überschriebener Bekleidung hinter ihm sitzt. Sie trägt Thomas' Sakko und seine schwarze Brille. Und Vanda äußert exemplarisch: »Da ist die Stimme in Ihrem Kopf die etwas anderes will.« Und an anderer Stelle sagt sie: »Hütet Euch vor Euren Wünschen!«

Polanski bietet unübertreffliche Bilder von Zeichen und sexueller Spannung des Masochismus. Die klaustrophobische Inszenierung, die Räumlichkeit der Aufführung und die außergewöhnliche Darstellerpräsenz und Sprachgewalt der beiden Figuren Thomas/Vanda verstärken die Projektion der Angst vor den sexuellen Fantasien ins Außen. Polanski gelingt es, die masochistische Liebesbeziehung auf dem Weg über Repräsentanzen zu entwickeln, nicht über die Personen selbst.

Die masochistische Veranstaltung bei Sigmund Freud

Die sadistisch-masochistische Zweier-Begegnung wird im Film auf die Theaterbühne gebracht. Es wirkt wie eine Veranstaltung, welche der sadistisch-masochistischen Liebesbeziehung innewohnt und sie als solche definiert. Freud beschreibt in seinem Text *Ein Kind wird geschlagen* (1919) präzise diese masochistische Szene:

> »Es stellt sich nämlich heraus, dass sie Anmerkung: die masochistischen Männer in den masochistischen Phantasien wie bei den *Veranstaltungen* zur Realisierung derselben sich regelmäßig in die Rolle von Weibern versetzen, dass also ihr Masochismus mit einer femininen Einstellung zusammenfällt« (Freud, 1919, S. 248).

Und an anderer Stelle:

> »[W]enn der spielerische Aufputz der masochistischen Szene an der Fiktion eines unartigen Knaben, Pagen oder Lehrlings, der gestraft werden soll, festhält. Die züchtigenden Personen sind aber in den Phantasien wie in den *Veranstaltungen* jedes Mal Frauen« (ebd., S. 248).

Der Begriff Veranstaltung bezeichnet ein zeitlich begrenztes und geplantes Ereignis mit einem definierten Ziel und einer definierten Programmfolge. Freud führte den Begriff der Veranstaltung sicherlich nicht zufällig im Kontext des Masochismus ein. So bedeutet Veranstaltung im ursprünglichen Wortsinn »sorgfältiges Herrichten als Handlung« (Grimm, 2015). Damit wird eine zeitlich ausgedehnte, zielgerichtete Aktivität beschrieben.

Diese *Veranstaltungen* lassen sich im Sinne Erika Fischer-Lichtes als Beispiel *performativer Akte* beschreiben. Performative Akte vollziehen die Handlung, von der sie sprechen und sie stellen die soziale Wirklichkeit her, von der sie sprechen. Jenseits dieser Akte gibt es keine Identität. Sie sind demnach selbstreferenziell und Wirklichkeit konstituierend. Performative Prozesse haben eine transformative Bewegung und einen ritualisierten Kern, das heißt sie verändern das Subjekt in der ritualisierten Wiederholung. Es sind gerade die sprachlichen und körperlichen Wiederholungen im Film *Venus im Pelz*, die diese Transformationen ermöglichen. Diese Annahme klingt Psychoanalytikern vertraut.

In den sadistisch-masochistischen Veranstaltungen kompliziert sich diese Transformation, weil strenge Ritualisierung und Wiederholbarkeit gleichzeitig mit Unwiederholbarkeit und kleiner Differenz zum Vorhergehenden verschmelzen.

Die masochistische Aufführung bei Roman Polanski

Ein Beispiel des performativen Akts in der sadistisch-masochistischen Inszenierung ist die Reißverschluss-Szene, in der Thomas den Schaftstiefel Vandas schließt. Die Kamera folgt minutiös den Körper- und Schließbewegungen. Im gesamten Film vollzieht sich das Ausziehen rasch, das Anziehen und Schließen hingegen langsam und stringent auf dem Akt des Schließens konzentriert.

Ein kurzer Exkurs zur Geschichte des Reißverschlusses: Er wurde ab 1851 entwickelt und 1892 in den USA zum Patent angemeldet. Zu dieser Zeit nannte man ihn »Klemmöffner für Schuhe«. Der Reißverschluss war zur Zeit Sacher-Masochs eine neue Erfindung der Moderne und bedeutete eine Art Technisierung des Schließens von Bekleidung. Das Schließen wird zum performativen Akt in der sadistisch-masochistischen Inszenierung. Der Reißverschluss ist die Schnittstelle und Trennungslinie zwischen Hautoberfläche und Material. Das Schließen und Öffnen mit dem Reißverschluss ist ein prinzipiell endlos wiederholbarer körperlicher Vorgang. Dieser enthält ein paradoxes Moment, das sich darin zeigt, dass das Öffnen bzw. Ausziehen den eigentlichen sexuellen Akt voraussetzt und ermöglicht, der Schuh in dieser Szene jedoch angezogen und geschlossen wird. Die sexuelle Lust wird durch die Umkehr – dem Schließen und Verhüllen – ermöglicht. Im Schließen in *Venus im Pelz* wird der sexuelle Akt stilisiert und ersetzt.

Dies ist ein Teil des sadistisch-masochistischen Gefüges: die Umkehr von Aktivität in Passivität bzw. die Verkehrung ins Gegenteil.

Freud beschreibt 1919 die Passivität im Masochismus des Mannes zugleich als die Projektion auf die Frau und die Identifikation mit derselben. Hier kann der Begriff Freuds der *psychischen Impotenz* hinzugezogen werden, um die Ursache derselben zu ergründen. Der »psychischen Impotenz« liegt nach Freud eine »exquisite, vielleicht längst eingewurzelte, masochistische Einstellung« zugrunde (Freud, 1919, S. 248).

Diese komplexe Dynamik wird gleich zu Beginn des Films angedeutet, als Thomas zu Vanda sagt: »Ich wäre eine bessere Wanda als die meisten von denen ... zieh mir ein Kleid an, Paar Nylons ... und Bingo!«

Ein weiteres Merkmal im sadistisch-masochistischen Beziehungsgefüge ist der Vertrag zwischen Vanda und Thomas. Der Vertrag fungiert als Grundlage der Liebesbeziehung. Dieser Konkretismus in der sadistisch-masochistischen Begegnung dient dazu, einer möglichen Unvorhersehbarkeit des Ablaufs zu entkommen. Die Partizipation des Masochisten ist laut Vertrag zweigeteilt: Thomas ist in seiner Funktion als Opfer sowohl Vertragsgegenstand als auch Konsument der eigenen Aufführung in seiner Funktion als Vertragsunterzeichner. Der Vertrag antizipiert die masochistische Aufführung und es wird deutlich, dass es nicht die masochistische Qual selbst, sondern die Vorstellung der Qual ist, die eine große Lust bereitet. Damit nimmt er eine zentrale Funktion im performativen Akt ein, und ein Vertrag wird zwischen mindestens zwei Personen *geschlossen*. Auch hier findet man wieder die Bewegung des Schließens. Die Beziehung zwischen Menschen wird unter anderem dadurch zu einer Herrschaftsbeziehung, weil die Handlungsfähigkeit des einen Subjekts eingeschränkt wird (Foucault, 1977). Diese Umkehr im Masochismus von einer Macht- in eine Herrschaftsbeziehung dient der Maximierung der Lust und benötigt gleichzeitig den Vertrag, um eine gewisse Sicherheit zu garantieren. Deleuze bringt dies kurz und bündig auf den Punkt: »Der Sadist braucht Institutionen, der Masochist vertragliche Beziehungen« (Deleuze, 1980, in: Sacher-Masoch, 1980, S. 176).

Der Vertrag nimmt im Gegensatz zum Film in der Novelle eine große Rolle ein. In einem der Verträge formuliert Wanda: »So wie ihr Leib, gehört auch ihre Seele mir [...] so müssen Sie doch Ihre Empfindungen, Ihre Gefühle, meiner Herrschaft unterordnen« (Sacher-Masoch, 1980, S. 140) und »Wenn Sie je meine Herrschaft nicht mehr ertragen könnten, dass Ihnen die Ketten zu schwer werden, dann müssen Sie sich töten, die Freiheit gebe ich Ihnen niemals wieder« (ebd., S. 141).

Die Verträge in der Novelle sind wesentlicher Bestandteil des definierten Rahmens, der konstitutiv für die sadistisch-masochistische Inszenierung ist. Mit der

Vertragsbeziehung wird die sadistisch-masochistische Beziehung detailliert definiert, protokolliert und verewigt. Damit wird das zeitliche, soziale und sachliche dieser Liebesbeziehung geregelt. Polanski verzichtet auf die konkrete Umsetzung des Vertrags. Er setzt den Vertrag in Szene, wodurch dieser eine besondere Note erhält. So beginnt der Film mit einem Schauspieler-Vorsprechen, was immer auf einen Vertragsabschluss zwischen Regisseur und Schauspieler abzielt. Dem Zuschauer wird der performative Kern des Vertrags präsentiert, nicht der Vertrag selbst. Der Vertrag basiert auf keinem Aushandlungsprozess zwischen Vanda und Thomas: beispielhaft zu sehen in der Umkehr der zunächst strukturierten Inszenierung in eine performative Aufführung zum Ende des Films hin.

Im Film wird Vanda zunehmend zur Regisseurin und Hauptdarstellerin der Aufführung, Thomas hingegen zum masochistischen Objekt. Die Szene gipfelt darin, dass Thomas von Vanda als Frau angekleidet wird und sie sagt: »Du wirst ein Objekt, ein leeres Gefäß, das ich füllen kann. Sei Wanda!«

In der masochistischen Veranstaltung fallen weitere Sätze wie: »Zwei Menschen verbunden in Perversion«, »Was alle Liebenden tun: Quälen« und ferner »Erregend sei die Demütigung, sinnlich sei der Schmerz«.

Bemerkenswert ist, dass der Pelz im Film keine zentrale Funktion einnimmt. Er wird wie andere Dinge fiktionalisiert, das heißt, er wird imaginiert. Thomas bezieht sich lediglich an einer Stelle auf den Pelz, als er sagt: »Die Liebe zum Pelz ist angeboren«.

Freud erwähnt in seinem Text zum *Fetischismus* den Pelz:

> »So verdankt der Fuß oder Schuh seine Bevorzugung als Fetisch – oder ein Stück derselben – dem Umstand, dass die Neugierde des Knaben von unten, von den Beinen her nach dem weiblichen Genitale gespäht hat; Pelz und Samt fixieren – wie längst vermutet wurde – den Anblick der Genitalbehaarung, auf den der ersehnte des weiblichen Gliedes hätte folgen sollen« (Freud, 1927, S. 386).

Polanski verlagert sein Interesse hingegen auf den Schuh und dem Schließen desselben.

Epilog

Das Schlussbild des Films ist der am Phallus angebundene Thomas in weiblicher Gestalt. Die masochistische Liebe endet hier und das Überleben Thomas' steht auf dem Prüfstand. Sacher-Masoch schreibt zur Liebe, dass sie auch »nur ein

Kampf um das Dasein« sei (Sacher-Masoch, 1870, S. 248). Er greift damit einen zu Beginn des 19. Jahrhunderts aufkommenden Topos auf, der sich auf die grundlegende Umwälzung der Geschlechterverhältnisse bezieht und die Idee des autonomen, modernen Subjekts hervorbringt. Der Literaturwissenschaftler Albrecht Koschorke schreibt, dass die Schriften Sacher-Masochs keinen Zweifel an dem engen Zusammenhang zwischen den Unterwerfungsideen des Mannes und der einsetzenden Emanzipation der Frau lassen.

»Die Frau tritt in seinen Geschichten als selbständiges Wesen mit eigenen Glücksansprüchen aus der Isolation der Hausmutterschaft hervor, um im öffentlichen Leben die Rolle einer Rivalin und Feindin des Mannes zu spielen. Doch gilt Sacher-Masochs Augenmerk weniger einer wirklichkeitstreuen Aufzeichnung dieses Rollenwechsels als dem Interesse, sich in dem verschobenen oder von Verschiebungen bedrohten Machtgefüge erotisch lustvoll einzurichten« (Koschorke, 1988, S. 114).

Die Darstellung dieser lustvollen Unterwerfung geschieht laut Koschorke auf dem Weg der *Theatralisierung*, im Sinne Fischer-Lichtes als *performativer Akt* und im Sinne Freuds als *Veranstaltung*. Es bereitet dem Zuschauer Vergnügen, diesem verstörenden Spiel der Namen-, Stimmen- und Geschlechtsverwirrung beizuwohnen und dem Verschwimmen von Realität und Fiktion zu folgen.

Verstört verlässt man den Film oder treffender das Liebespaar, so als würde man aus einem verstörenden Traum erwachen. Die Theatralisierung der masochistischen Liebe und die filmische Darstellung der masochistischen *Veranstaltung* gelingt Polanski großartig.

Literatur

Deleuze, G. (1980). Studie über den Masochismus. In L. Sacher-Masoch, *Venus im Pelz. Mit einer Studie über den Masochismus von Gilles Deleuze* (S. 163–281). Frankfurt/M.: Insel Taschenbuch.
Fischer-Lichte, E. (2013). *Performativität. Eine Einführung*. Bielefeld: transcript.
Foucault, M.(1977). *Überwachen und Strafen: Die Geburt des Gefängnisses*. Frankfurt/M.: Suhrkamp.
Freud, S. (1919). »Ein Kind wird geschlagen« (Beitrag zur Kenntnis der Entstehung sexueller Perversionen). In *Studienausgabe, Bd. VII.*, S. 228–254.
Freud, S. (1920). Jenseits des Lustprinzips. In *Studienausgabe, Bd. III.*, S. 217–272.
Freud, S. (1927). Fetischismus. In *Studienausgabe, Bd. III.*, S. 381–388.
Grimm, J. & W.(2015). Das deutsche Wörterbuch. www. woerterbuchnetz.de/DWB (12.12.2015).
Koschorke, A. (1988). *Leopold von Sacher-Masoch: Die Inszenierung einer Perversion*. München: Piper.

Polanski, R. (Regisseur). (2013). *Venus im Pelz* [Blue Ray Disc]. München: Prokino Filmverleih.
Sacher-Masoch, L. (1870). *Das Vermächtnis Kains. Erster Teil: Die Liebe.* Stuttgart: Cotta.
Sacher-Masoch, L. (1980). *Venus im Pelz. Mit einer Studie über den Masochismus von Gilles Deleuze.* Frankfurt/M.: Insel Taschenbuch.

Marquis de Sade

Christoph Klotter

Sex heute

Ja, es gibt sie noch, diejenigen, die sich aufgrund ihrer sexuellen Präferenzen diskriminiert und benachteiligt fühlen und deshalb den CSD-Aufzug stärker politisieren wollen, beispielsweise Homosexuelle bezüglich der Gleichstellung mit Heterosexuellen in Eheangelegenheiten. So waren 2015 wie in den Jahren zuvor Hunderttausende in Berlin auf den Straßen zu diesem besonderen Tag, sei es als Teilnehmerinnen und Teilnehmer oder als Zuschauerinnen und Zuschauer. Vor 50 Jahren wäre es in Deutschland undenkbar gewesen, dass sexuelle Minderheiten mit bestimmten sexuellen Präferenzen so stark Präsenz zeigen und so sehr für ihre Rechte eintreten. Und obwohl sie in der Regel von den anderen – nicht von allen – wohlgelitten, ja gar besonders anerkannt werden, spielen sie doch die Trumpfkarte der Individualisierung und des Strebens nach Einzigartigkeit aus. Sexuelle Minderheiten sind gleichsam auf natürliche Weise different, etwa durch andere Gene, Konstitutionen und Biografien. Warum sollten die Launen der Natur zum Nachteil gereichen?

Genau diesen Nachteil gilt es zu verhindern. Diese Position bedeutet mittlerweile nahezu Common Sense. Damit demonstriert unsere Gesellschaft, dass sie eine aufgeklärte und liberale ist. Freiheit, Gleichheit, Brüderlichkeit – so lautete die Parole der Französischen Revolution, die dann, bezogen auf den Sex, so zu übersetzen ist: Freiheit für unterschiedliche sexuelle Praktiken, gleiche Behandlung von Menschen mit unterschiedlichen Präferenzen und Brüderlichkeit: Respekt gegenüber Menschen mit anderen sexuellen Vorlieben. Der Kampf der französischen Aufklärer (Diderot, Voltaire) gegen religiöse Intoleranz und soziale Ungleichheit (Schupp, 2003) setzt sich heute fort im Kampf gegen Diskriminierung bestimmter sexueller Varianten.

Die mögliche Schattenseite dieser Toleranz besteht darin, dass alle sexuellen Spielarten gleichsam normal geworden sind. Das berauschende Deviante ist ihnen abhandengekommen. Wenn sich Politiker oder Fußballer zu einer gewissen Präferenz bekennen, dann ist das zwar immer noch ein bisschen ein Politikum – bei den Fußballern mehr als bei den Politikern –, aber es passiert; es ist möglich. Keine Aufregung mehr um die Verheimlichung, das Doppelleben und den inneren Triumph, anders als die anderen zu sein – einfach so ganz anders.

Die Wogen um den Sex haben sich noch auf andere Weise geglättet. Die Idee aus dem 20. Jahrhundert, sich mittels des Sexes befreien zu können, eine andere Persönlichkeit zu werden, befähigt zu werden, politischen Widerstand zu leisten, hat sich erschöpft. Erich Fromms für die Frankfurter ausgearbeitetes Konzept des autoritären Charakters, der durch Sexualunterdrückung im Kapitalismus zu einem gehorsamen und angepassten Massenmenschen gemacht werde, hat sich nicht aufrechterhalten lassen. Bereits mit Herbert Marcuses Replik darauf – mit dem Begriff der repressiven Entsublimierung (mit der gesellschaftlichen Akzeptanz aller sexuellen Spielarten werden die Menschen zu angepassten Wesen) – wurde Fromms These der Boden entzogen. Auch andere Varianten des Freudo-Marxismus wie die von Wilhelm Reich fielen wie ein Kartenhaus in sich zusammen. Die Bemühungen der 68er-Bewegung, nochmals auf die Karte der sexuellen Befreiung zu setzen, waren nicht vom Erfolg gekrönt. Selbstverständlich lösten sie Änderungen im ausgeübten Sex aus. Die Frauen begannen sich zu emanzipieren, Minderheiten wie die Homosexuellen huben an, sich für ihre Rechte einzusetzen, und das Klima wurde insgesamt liberaler – aber das alles mit sexueller Befreiung gleichzusetzen ist absurd. Der Körper taugt nicht zur Befreiung, nicht zur Erlösung (Klotter, 2015). Das ahnte bereits Marcuse.

Noch ein anderer gewichtiger Wermutstropfen trübte die Idee der sexuellen Befreiung. Es war Michel Foucault (1977b), der im Sex nicht das mögliche Jenseits der gesellschaftlichen Macht sah, sondern den Sex in den Fängen der Macht erblickte. Ja, gewiss, es habe auch sexuelle Repression gegeben, aber die Macht arbeite hinsichtlich des Sexes auch positiv. Gerade die gesellschaftlichen Verbote machten die Überschreitung besonders attraktiv. Foucault veranschaulicht dies an der Geschichte der Masturbation. Erst deren Verbote haben sie zu etwas besonders Aufregendem werden lassen. Speziell mit den sexuellen Varianten würden gesellschaftlich bestimmte Identitäten geschaffen. »Ja, ich bin schwul, und das ist gut so.« Die sexuelle Varianz führe dazu, dass die davon Betroffenen versuchten, ihre Biografie dahin gehend zu ergründen, warum ausgerechnet sie etwa schwul geworden seien.

Die 68er, in der Regel überzeugte Marxisten, waren über den Foucault'schen Entwurf nicht sonderlich erfreut, schlachtete er doch ihre heilige Kuh einer jetzt oder später zu befreienden Sexualität. Aber historisch hat sich Foucault durchgesetzt, nicht der Freudo-Marxismus.

Um den Sex ist es gleichsam still geworden. Die Liberalität hat ihn nicht unerheblich erstickt. Das medienrelevante körperbezogene Thema ist nicht mehr der Sex, sondern das Essen, etwa die alternativen Ernährungslehren, die Massentierhaltung, die Lebensmittelskandale, etc. Nun soll das Essen Identität, Abgrenzung, moralische Überlegenheit, Erlösung und nahezu Unsterblichkeit garantieren, was das Essen vergleichbar mit dem Sex nicht einzulösen vermag (Klotter, 2014).

Der Marquis heute

Auch de Sade hat die Liberalisierung des Sexes nicht gut getan. Sadismus oder SM stellen sexuelle Varianten dar, zwei von vielen, die heute selbstredend weitgehend akzeptiert sind: Today, anything goes. Dies gilt eben nicht nur für die Wissenschaftstheorie (Feyerabend, 1986).

Aber für de Sade waren die sexuellen Praktiken untrennbar mit gesellschaftlicher Macht verknüpft. Er hat ein politisch-philosophisches Werk verfasst, das heute vermutlich kaum jemand zur Kenntnis nimmt.

Die sexuellen Szenen de Sades dienen der Veranschaulichung der gesellschaftlichen Machtverhältnisse und sie demonstrieren, wie de Sade sich die menschliche Psyche vorstellt. Diese geht nach de Sade nicht in der aufklärerischen Vorstellung auf, dass sie von der Vernunft geleitet ist. Im Gegenteil.

Nebenbei: Es stellt eine implizite Selbstverständlichkeit dar, dass sich in den sexuellen Praktiken die gesellschaftlichen Machtverhältnisse zeigen und Letztere den Sex determinieren. Aber ist das so einfach? Oder verlangt unser (primitives) Denken derartige Muster? Unterwirft der König von Frankreich Madame Pompadour? Ist sie seine willige Sklavin? Derartige Konzepte sind doch so schlicht gestrickt, dass sie niemals stimmen können. Sie sind marxistisch inspiriert, demnach sich Machtverhältnisse unmittelbar und denotativ offenbaren. Sie sind zugleich dem Modell der Repräsentation verpflichtet. Wie Ludwig XIV Gott auf Erden repräsentierte, so bildet der Sex, um eine fürchterliche Metapher zu gebrauchen, die gesellschaftlichen Machtverhältnisse eins zu eins ab, als würde der Sex im streng hierarchisch organisierten Schloss zu Versailles oder im Petersdom als Theatervorstellung stattfinden.

Nur Rousseau und deutlich stärker La Mettrie teilen die Skepsis de Sades hinsichtlich der Vernunftbestimmtheit der Seele (Schupp, 2003). De Sade zelebriert die Präsentation der im Grunde bösen menschlichen Seele. Sie ist zu allem fähig – das will er sagen. Und de Sade dekliniert das Böse durch – in einem Möglichkeitsraum, in dem nichts ausgelassen wird, ausgelassen werden darf, um bis zum Äußersten zu gehen. Als ob dies erst der menschlichen Seele Frieden geben würde: zu wissen, was es alles an Schrecklichkeiten gibt.

Delektierlich sind seine Texte deshalb nicht. Sie dienen nicht der Anfeuerung der Lust. Im Gegenteil. Sie konfrontieren den Leser mit seiner eigenen Psyche und all ihren erdenklichen Möglichkeiten des Fühlens und Handelns, ihren nur mühsam verborgenen Abgründen. Die Leser fürchten möglicherweise, wie in einem magischen Akt von den sexuell-grausamen Beschreibungen de Sades so angezogen zu sein, dass sie es dann umgehend oder alsbald – je nach Temperament – selbst tun. In der Imagination führt das Lesen unausweichlich zur Tat. Freundlich gesonnen war de Sade dem Leser nicht. Er hatte und hat zu ihm ein sadistisches Verhältnis. Nicht der Leser erfreut sich der Lektüre, de Sade genießt sein Gelesenwerden.

Es waren erst die Diktatoren des 20. Jahrhunderts – Hitler, Stalin, Mao und Idi Amin –, die den von de Sade entworfenen Möglichkeitsraum zu einem Ameisenhaufen schrumpfen ließen. Gegen diese sind die Szenarien de Sades harmlos: ein paar Tode nach endlosem Diskurs. Das Gegenteil hiervon sind Millionen Tode der Diktatoren mit ein bisschen Diskurs vor der Tat.

Die Diktatoren sind Männer der Tat. De Sades Helden sind im Prinzip Plappermäuler, die, um irgendwann zu beweisen, dass sie zu dem fähig sind, wovon sie erzählen, auch morden müssen.

Es ist nicht so, dass de Sade den Menschen als ausschließlich böse betrachtet. Zwei seiner Hauptprotagonistinnen, Justine und Juliette, verkörpern die beiden Pole der menschlichen Psyche: da die tugendhafte und anmutige Justine, die rastlos von Demütigung zu Demütigung eilt, dort die lasterhafte und mordlüsterne Juliette (de Sade, 1990). Es handelt sich hierbei nicht um eine dichotome Struktur – da das Gute, dort das Böse –, sondern um eine idealtypische Entgegensetzung. Aber zur menschlichen Psyche gehört beides. Justine und Juliette sind nur Inkarnationen unterschiedlicher psychischer Anteile (siehe weiter unten). Anders als die psychischen Instanzen bei Freud sind sie nicht im dauerhaften Konflikt, sondern stehen unberührt nebeneinander. De Sade könnte sagen wollen, dass beide Anteile unverbunden nebeneinander existieren. Damit könnte er auch meinen, dass die menschliche Psyche nur in geringem Maß integriert und im Wesentlichen gespalten ist.

Das Böse denken

Mit Schmidt-Biggemann (1993, S. 12) lässt sich verstehen, wie diese Idee der geteilten Seele historisch verortet ist. Er geht davon aus, dass seit dem 18. Jahrhundert eine Verschiebung stattfindet: Das Böse wird nicht mehr als von außen kommend, in den Menschen fahrend oder (wie der Teufel) eindringend wahrgenommen, sondern als Teil der Seele des Menschen. Es speist sich aus den Quellen der intrapsychischen Aggression, Lust und dem Machtstreben. De Sade ist der prototypische Produzent und zugleich Zeitzeuge dieser historischen Transformation.

Mit dieser historischen Veränderung wird die menschliche Seele insgesamt aufgewertet. Sie kann weniger von außen manipuliert werden, vielmehr ist sie widerstandsfähiger nach außen, aber damit auch der Hort des Bösen selbst. Diese moderne Psyche ist wirkmächtiger als die frühere. So könnte vermutet werden, dass auch ihre bösen Taten schlimmer sind als die früheren.

Die Moderne schreibt der menschlichen Psyche mehr (böse) Macht zu, aber die Betroffenen scheinen das eventuell psychisch nicht zu realisieren. Eine Integration böser oder negativer Selbstanteile findet nicht statt. Der Projektion der bösen Selbstanteile ist damit Tür und Tor geöffnet. Diejenigen, auf die projiziert worden ist, dürfen dann auch ermordet werden wie die Untermenschen, die Juden, die Revisionisten und Renegaten, etc., ohne dass die Mörder dabei ein schlechtes Gewissen hätten. Im Gegenteil: Sie fühlen sich dabei gut.

Aus dieser Perspektive kann nicht die Rede davon sein, dass sich in der Moderne eine reife Psyche ausgebildet hätte, ausgestattet mit einem gut funktionierenden Über-Ich. Nein, davon kann offenbar überhaupt nicht die Rede sein. Wäre eine durchgehend reife Psyche in den letzten 200 Jahren entstanden, dann hätte es den Nationalsozialismus oder den Stalinismus nicht gegeben.

De Sade ist gleichsam der Prophet unseres unermesslich grausamen Zeitalters, aber ein Prophet, der psychisch intakter war als die Diktatoren des 20. Jahrhunderts. Die Figuren in seinen Texten können sich zu ihren bösen Taten bekennen. Ja, sie erfreuen sich an ihnen und sind stolz darauf. Sie exhibitionieren sich mit ihnen. Die Diktatoren des 20. Jahrhunderts haben stets im Namen des Guten gearbeitet, für das Volk, für den Sozialismus, etc. Sie arbeiteten mit Spaltung und Projektion. Der Skandal, den de Sade verursacht hat und noch verursacht, besteht darin, nicht auf der Seite des Guten stehen zu wollen. Er enthüllt die bösen Taten des 20. Jahrhunderts eben als diese. Deshalb ist er im Jahrhundert der politisch etikettierten Grausamkeit zu großen Anteilen nicht tolerabel. Er muss vergessen werden, zumindest was seine politisch-philosophischen Ambitionen betrifft. Nur dann funktionieren die psychische Spaltung und die Projektion der eigenen bösen Anteile in andere (Juden, Klassenfeinde). De Sade war also psychisch reifer als seine *Nachfolger*. Wie das zustande gekommen ist, ist schwer erklärlich. Klar ist nur, dass die menschliche Psyche in den letzten 200 Jahren keinem Reifen oder *Fortschritt* unterworfen war.

Colpe (1993) siedelt eine Dichotomie von Gut und Böse, die die abendländische Geschichte zentral beeinflussen sollte, in Afghanistan in Mazar-e-Scharif (bis vor einiger Zeit der dortige Stützpunkt der Bundeswehr) mit der Figur Zarathustra (1000 bis 800 v. Chr.) an. Dieser betrieb Weidewirtschaft und war bedroht auch in seiner ökonomischen Existenz von *bösen* umherschweifenden Nomaden, die sich mit Drogen und orgiastischen Viehschlachtungen berauschten. Zarathustra hat eine elementare Abscheu vor Gewalt. Er tritt ein für Natur- und Tierschutz und verteidigt das geordnete sesshafte Leben. Die Nomaden sind es jedoch, die lustvoll morden und sich verausgaben. Sie sind also quasi prototypisch souverän böse, weil sie umherschweifen. Ihre Angriffe sind nicht berechenbar, niemand weiß, wann sie kommen und gehen. Sie verletzen die soziale Ordnung fundamental.

Die Katastrophen des 20. Jahrhunderts wie Nationalsozialismus, Stalinismus oder Maoismus legen es nahe, dass der Typus des bösen souveränen Nomaden nicht ausgestorben ist, sondern verdeckt weiter am Werk ist; er konnte nicht einmal kulturell überformt werden. So können wir nicht davon ausgehen, dass dieser Nomadentypus endgültig etwa mit dem Ende des »Dritten Reichs« besiegt worden ist. Vielmehr ist er noch mitten unter und in uns und kann unberechenbar jederzeit wieder seine kulturelle Dominanz gewinnen, auch wenn dies immer nur ein Zwischenstadium ist.

Im Sinne Batailles (1978) streben wir nach Souveränität, eventuell auch nach einer bösen, die das womöglich langweilige Leben des Zarathustras unterhaltsamer und spannender macht. Der auf Nutzen und Sicherheit aus seiende Zarathustra würde so seinen Gegenspieler mitproduzieren. Es ist wichtig, diesen im Auge zu behalten und nicht so zu tun, als sei dieser Nomadentypus nichts anderes als Vergangenheit. Wir sollten uns scheuen, von kulturellem Fortschritt zu sprechen.

Aus Oppositionen wie rein – unrein, wahr – lügnerisch, gläubig – ungläubig, aus Personifikationen des guten und des bösen Menschen werden in der persischen Religionsgeschichte dann zwei Reiche, das Reich des Guten und das Reich des Bösen, geschaffen von einem guten und einem bösen Geist, die unablässig miteinander ringen (Colpe, 1993, S. 25ff.). Diesen zwei Reichen werden weitere Oppositionen hinzugefügt: hell – dunkel, geistige – stoffliche Weltsubstanz.

In einer symmetrischen Welt, aufgeteilt in ein gutes und böses Reich, ist der Mensch den Mächten der Finsternis stets ausgesetzt und kann prinzipiell jederzeit vom Reich des Bösen vereinnahmt werden. In der ursprünglichen Version von Zarathustra hingegen kann er wählen: Will ich ein sesshafter, anständiger Mensch sein oder will ich ein böser, orgiastischer Nomade sein? Souveränität ist so wählbar und das Böse ist attraktiv. In der symmetrisch aufgeteilten Welt ist das Böse eher eine Plage, ein böser Geist.

Die beiden unterschiedlichen Konzeptionen haben Auswirkungen auf das jeweilige Menschenbild: da derjenige, der wählen kann und somit die Verantwortung für seine Wahl hat, dort derjenige, der vom Bösen ereilt wird, vielleicht weil er nicht vorsichtig genug war oder sich überraschen ließ, wie ein Mensch, der im Sommer das Haus verlässt und von einem Regenschauer ereilt wird, ohne einen Regenschirm dabei zu haben. Im zweiten Fall ist die Schuldfrage anders zu beantworten: Das Subjekt ist weniger verantwortlich. Schließlich ist das Reich des Bösen nicht weniger mächtig als das des Guten.

Die symmetrische Aufteilung der Welt in Gut und Böse wirbt in gewisser Weise für Verständnis für den Gestrauchelten, den Gefallenen. Es ist dann menschlich, allzu menschlich, vom Bösen infiltriert zu werden.

De Sade präferiert hingegen in aller Deutlichkeit das Modell der Wahl. Justine entscheidet sich für die Tugend und Juliette für die Grausamkeit. Letztere setzt die Tradition der Nomaden manifest fort. Vom Kampf zwischen zwei gleich starken Mächten des Guten und des Bösen kann bei ihr nicht die Rede sein. Vom Guten ist sie gänzlich unberührt (natürlich auch, weil sie eine idealtypische Konstruktion ist).

De Sades Modell der freien Entscheidung für oder gegen das Gute ist skandalös für eine christliche Kultur, in der anteilig einem das Böse widerfährt und in der gegen das Böse zu guten Anteilen nichts unternommen werden kann. Nur mit der unendlichen göttlichen Güte kann dann der Sünde des Fleisches in der Regel vergeben werden. Die Güte kann jedoch erst wirksam werden, wenn die Sünde stattgefunden hat. Die römisch-katholische Kirche ist damit auf die Sünde angewiesen.

Zu de Sades Zeiten war diese Kirche in Frankreich extrem dominant und massiv persekutorisch. Mit dem Modell der Wahl unterminiert de Sade diese Kirche. Er wird zu einem ihrer schlimmsten Gegner. Auch deshalb verbringt de Sade mehr Lebenszeit im Gefängnis als in der Freiheit.

Das Missgeschick der Tugend – Teil eins

»Doch seine geballte, kulturkritische Kraft entfaltete de Sade erst 1797, in der dritten Fassung der ›Justine‹, dem zehnbändigen Doppelroman ›La Nouvelle

Justine ou les Malheurs de la vertu, suivie de L'Histoire de Juliette, sa soer, ou les Prospérités du vice‹« (Zweifel & Pfister, 1990). Mit diesem Doppelroman soll nun der Autor de Sade vorgestellt werden.

Mir wäre es am liebsten gewesen, einen Text über de Sade zu schreiben, ohne ihn jemals wörtlich zitieren zu müssen. Dann hätte ich einerseits seinen Sadismus gegenüber dem Leser (siehe weiter oben) Einhalt geboten, andererseits hätte ich der Leserin den direkten Blick auf de Sades Denken und Schreiben verwehrt und mich auf diese Weise der Unterschlagung und Ausblendung schuldig gemacht. Auch dieses aufgenötigte Dilemma hätte de Sade vermutlich Vergnügen bereitet. Es gibt dann nur zwei Möglichkeiten, mit dem Werk de Sades umzugehen: es zu vergessen oder ihn zu zitieren und sich damit in seinen Sadismus der Leserin gegenüber zu verstricken. Und: Wer sich mit de Sade beschäftigt, ist natürlich dem gleichsam *natürlichen* Verdacht ausgesetzt, selbst ein Sadist zu sein, zumindest von ihm fasziniert zu sein. So ereilt eben dann auch dem De-Sade-Nichtaffinen das Missgeschick der Tugend.

De Sades Texte schwanken gleichsam ständig zwischen politisch-philosophischem Diskurs und sexuell-grausamen Szenen. Es sind endlose Schlaufen, die den armen Leser quälen, als gäbe es kein Entrinnen aus dieser anal-retentiven Welt, in die Sade seine Leser einsperren will. Letzterer wollte doch nur einen kurzen Blick hineinwerfen und schon teilt er sich eine Gefängniszelle mit de Sade in der Bastille. Und die Französische Revolution wird nie stattfinden.

De Sade lässt gerne seine sexuellen Szenen an abgeschiedenen Orten stattfinden, wie in *Die 120 Tage von Sodom* (1972), geschrieben 1785 in der Bastille (vergleiche Giese in einem Vorwort zu dieser Erzählung 1972, S. 34). Imaginierter »Drehort« de Sades ist Silling, ein Schloss im Schwarzwald, kaum zu erreichen, nicht mehr zu verlassen, ein Gefängnis, wie das, in dem de Sade saß, als er schrieb.

Ein Biograf von de Sade, Lever (1995), stellt, wie es für seinen Berufsstand unumgänglich ist, biografische Bezüge her. Der fünfjährige de Sade musste für einige Zeit in dem düsteren und furchterregenden Schloss Saumane wohnen.

> »Sades Welt der Lüste ist stets auch eine Kerkerwelt. Am Eindrucksvollsten für den Besucher [von Saumane] sind jedoch die aus dem 13. Jahrhundert stammenden Kellerräume und unterirdischen Geheimgänge, in denen sich zahlreiche Verliese ohne Frischluft und Tageslicht befinden. Am Boden liegen noch die Ketten derer, die hier ohne Hoffnung auf eine Rückkehr ins Leben vergessen wurden. Als idealer Folterkeller, von dem aus kein Schrei an die Außenwelt zu dringen vermag, weckt er Vorstellungen von endloser, einsamer, beklemmender Kerkerhaft« (ebd., S. 67f.).

De Sade nennt diese Kellerräume »Eingeweide« (ebd., S. 68).

Irgendeinen Vorteil muss es wohl haben, in dieser, freundlich ausgedrückt, Abgeschiedenheit zu leben und zu töten; sie verunmöglicht tendenziell das Entdecktwerden. Kein Unbefugter kann einen Blick auf die grauenhaften Taten werfen. Die Mörder werden straffrei davon kommen. Zugleich bietet dieses Abseits die Möglichkeit, sich von der (Außen-)Welt zu verabschieden. Dem Subjekt stellt sich kein Außen entgegen. Letzteres kann nichts mehr korrigieren. Das Subjekt triumphiert souverän allein. Aber eben alleine in seinem Abseits.

Die Logik des Wechselns zwischen dem Reden über Politik/Philosophie und der sexuellen Tat bei de Sade besteht möglicherweise darin, ersteres als Rede auszugeben und die Tat als ihre Umsetzung – sie gleichsam in einen realen Raum zu verpflanzen und so zu tun, als sei es tatsächlich passiert. Das Imaginäre begründet im Imaginären das Reale.

Die Rede kann nicht *wirklich* als die Ausgeburt des Bösen definiert werden; nur die böse Tat ist *echt* böse. Das Reden über das Böse hat keine Währung und wird an der Börse nicht gehandelt. Es stellt keinen Riss dar, keine Überschreitung. Von Blut zu reden oder zu schreiben, ist tendenziell und damit letztlich lächerlich. Das Blut fließen zu lassen, das ist das *Wahre*.

De Sade gibt vor, in seinem Schreiben unablässig die Bühne des Imaginären zu verlassen, diesem typischen Denken der Renaissance (Foucault, 1974; Culianu, 2001), aber er entkommt ihr *natürlich* nicht, er will ihr eigentlich gar nicht den Rücken kehren. Er pocht scheinbar unablässig an der Tür zum Realen, aber sie lässt sich *leider* nicht öffnen.

De Sade inszeniert sich so als Übergangsfigur zur modernen Idee des Realen, des in der Terminologie der Semiologie als Referenten bezeichneten, eine scheinbare Übergangsfigur zu modernen Naturwissenschaften, die der Theorie die Empirie gegenüberstellen. Die Theorie wird letztlich niemals die Empirie in sich auflösen. Es bleibt eine unüberbrückbare Differenz zwischen Theorie und dem empirischen Feld.

Aber de Sade spielt nur mit der Entgegensetzung von Imaginärem und Realem, von Subjekt und Welt, von Theorie und Empirie. Das einsame souveräne Subjekt duldet letztlich nicht das andere. Genau deshalb kann und muss dieses Subjekt das (nur imaginierte) andere quälen und eliminieren.

Den Massenmördern des 20. Jahrhunderts wäre der imaginierte Mord an dem anderen zu wenig gewesen. Schließlich prahlten sie damit, Männer der Tat zu sein. Sie schienen umso ruhmreicher, je mehr Menschen sie umgebracht hatten. Dr. Werner Best, ranghoher Mitarbeiter des Reichssicherheitshauptamtes, formuliert das so:

»Nicht der Sieg entscheidet über den Wert des Kampfes, die Hoffnung auf den Sieg darf nicht einmal bestimmend sein für den Kämpfenden [...]. Die Bejahung des Kampfes auf verlorenem Posten für eine verlorene Sache ist das Kriterium der neuen Haltung« (zit. nach Burleigh, 2000, S. 232; vgl. auch Herbert, 1996).

Prototypisch für die Männer der Tat ist Otto Ohlendorf, Führer der Einsatztruppe D, der bei den Nürnberger Prozessen freimütig, nüchtern, gleichgültig, ja fast heiter gesteht: »Währenddessen ich Führer der Einsatztruppe D war, liquidierte sie ungefähr 90.000 Männer, Frauen und Kinder« (zit. nach Klee, 2003, S. 443). Ohlendorf beeindruckte bei den Nürnberger Prozessen durch seine freundliche und zugewandte Art. Die Frauen fanden ihn sehr charmant (Klotter & Beckenbach, 2012).

Zugleich verwandelt sich dieses unendliche reale Morden der Bests und Ohlendorfs in etwas Unwirkliches. Es soll eine Theorie, eine Ideologie bestätigen. Es soll alles beseitigen, was das uneingeschränkte Wirken einer Ideologie beeinträchtigen und verunreinigen könnte. Aber genau dieses Vorhaben muss scheitern. Der Referent, das Reale, die Welt stellt sich prinzipiell entgegen. Sie lässt die Totalität des Imaginären scheitern.

Die Massenmörder haben möglicherweise nur darauf hingearbeitet, am Realen zu scheitern, um dann als armselige menschliche Würmer in den Nürnberger Prozessen auf den Plan zu treten. Das sollen wirklich die mächtigen NS-Funktionäre gewesen sein? Die Lenker der Shoah? Die einzige Ausnahme bildet, wie eben kurz ausgeführt, Otto Ohlendorf, der als lächelnder Charmeur die Anklagebank betritt (Klotter & Beckenbach, 2012).

Die Nazis scheitern am Realen. Vergleichbares gilt für die Wissenschaftstheorie. Die unterschiedlichen Varianten des wissenschaftstheoretischen Konstruktivismus schaffen letztlich nicht die Ausschaltung von Welt, auch wenn so viele dies gehofft hatten. In der Subsumption von Welt werden sie zumindest vom Realen beschmutzt. Beschmutzt meint, dass möglicherweise nur die Theorie oder ein religiöses System Reinheit, Konsistenz und Selbstgenügsamkeit zu versprechen vermag. Für diese ist das Reale stets das potenziell Böse, das sich Entgegenstellende, an dem die reine Theorie zerschellt oder unterzugehen droht. Deshalb sind die meisten Religionen antimateriell eingestellt. Die Materie beeinträchtigt die reine Theorie, das reine System. Deshalb stellt jede Religion zahlreiche Regeln darüber auf, wie die Menschen zu leben haben, wissend, dass die Regeln nicht eingehalten werden. Auch hier scheitert sie wieder, die Reinheit der Theorie.

Die Nazis verbinden so die traditionelle Idee der absoluten Theorie oder Religion mit der modernen empirischen Forschung. Im empirischen Feld wird all das vernichtet, was die Theorie stören könnte. Die Nazis waren konsequente Konstruktivisten.

De Sade hingegen ist ein Zwitter. Er verlässt das Imaginäre nicht und will es zugleich als das reine System demontieren. Beispiel für Letzteres ist das Fantasieprodukt Justine und ihr Vorhaben, tugendhaft zu bleiben. Sie scheitert am Realen, an den realen Machtverhältnissen. Das Missgeschick der Tugend ist auch das Missgeschick der imaginären Organisation von Welt.

Nützlichkeit versus Verausgabung – de Sade der Zwitter

De Sade unterminiert das Imaginäre, aber da raus will er auch nicht. Schließlich ist das Reale mit Dingen verbunden, die ihm in gewisser Weise nicht behagen, nicht behagen können. Zwar bekennt sich der Bürger de Sade nach der Französischen Revolution zu dieser: Anerkennen des dritten Standes, der Demokratie und der Menschenrechte sind ihm wichtige Anliegen. Auch für ihn wie für die philosophische Aufklärung entsteht Gleichheit zwischen den Menschen durch ein neues Wertesystem. Die Geburt wird irrelevant, weswegen er seinen Adelstitel nicht mehr gebrauchen will. Was nun zählt, sind Wissen, Leistung, Nützlichkeit für das Gemeinwesen; das Leistungsdenken hält Einzug. Jeder bekommt die Anerkennung, die er wegen seiner Leistungen für das Gemeinwesen verdient.

Aber kann de Sade, der Adelige von Geburt, sich so weit von seiner Herkunft entfernen, dass er tatsächlich für das Reale, für Produktivität und Nützlichkeit eintritt? Seine Erzählungen weisen doch in eine ganz andere Richtung, nämlich die der sinnlosen Verausgabung, zum Beispiel von Menschenleben. Deshalb ist er für Bataille (1975) einer der wichtigen Gewährsmänner und Thronzeugen. Die Voltaires und Diderots wollten mit der Aufklärung eine neue, sittliche menschliche Gemeinschaft gründen, die das menschliche Wohlbefinden durch naturwissenschaftlichen Fortschritt, durch ethische Werte wie gegenseitigen Respekt und die Orientierung am Nützlichen zu steigern beabsichtigte (Schupp, 2003; Beckenbach & Klotter, 2014). Davor musste es de Sade grausen, allein deshalb, weil er die menschliche Seele auch durchdrungen sah von der Lust an Gewalt und Destruktivität.

Das ist es, was Foucault – neben Bataille und durch die Lektüre Batailles ein weiterer Adept de Sades – in *Überwachen und Strafen* (1977a) mit den neuen Machttechnologien in der Moderne meint. Dadurch, dass sich im Sinne der Aufklärung die Bürger und Bürgerinnen zu bewähren haben, nimmt sich der Staat das Recht heraus, die Bevölkerung und deren Körper zu formen, zu dressieren, zu disziplinieren – um einen starken Staat zu entwickeln. Diese Dressur der Bevölkerung gelingt nur, weil (fast) alle Menschen nun etwas wollen. Sie wollen geachtete Bürger sein, und das sind sie nur, wenn sie sich bewähren, wenn sie ihren Teil beitragen zum Wohl des Gemeinwesens.

Eines der zentralen Motive in der Moderne figuriert sich so auf spezifische Weise: Die Individualisierung ist doppelgesichtig: Sie dient der Erhöhung der allgemeinen Nützlichkeit und sie ist zugleich Arbeit des Individuums an sich selbst, also auf Eigensinnigkeit aus. Ohne Fleiß, kein Preis. Der »Penner« wird nicht mehr geduldet. Die Arbeitsunwilligen und die Irren werden eingesperrt (Foucault, 1973). De Sade gehört biografisch zu diesen Eingesperrten, zu diesen Dissidenten gegen die Nützlichkeit und gegen das Gemeinwohl.

De Sade, im Anschluss der Romantiker, der Surrealist, der Situationist, der undogmatische Linke, der kritische Theoretiker, der Künstler schlechthin und der Dandy wehren sich gegen die neue Nützlichkeit, sehen alles diesem Prinzip unterworfen, nennen es dann Kapitalismus, der jedoch nur ein Ausdruck der neuen Nützlichkeit ist, berufen sich auf Marx, obwohl sie nützlich sein prinzipiell ablehnen. Wenn sie schlauer sind, und das sind wenige, berufen sie sich auf Bataille (1975), der eine Theorie der Verausgabung entwickelt hat und die Verausgabung als genauso wichtig erachtet wie die Produktivität.

Damit wehren sie sich die genannten Gruppierungen auch gegen das moderne Prinzip der Gleichheit, das ja nicht mehr auf angeborenen Verdienst setzt, sondern auf zu erwerbende Meriten. Gleichheit bedeutet in dem Sinne, die gleichen Chancen zu haben, sich zu bewähren. Aber bewähren muss sich jeder, muss sich jede. Diese Verpflichtung legt die Moderne ihren Bürgern auf, bedingungslos.

Der Marquis de Sade hat sich zwar dem Nützlichkeitsdenken entzogen, nicht aber der Idee des Sich-bewähren-Müssens. Er schreibt in der Irrenanstalt Charenton Tagebücher bis an sein Lebensende. Er spielt dort mit Mitinsassen Theater (de Sade, 1972b). Und er hat ein Leben lang wie besessen gearbeitet und geschrieben, oft unter den widrigsten Bedingungen. De Sade nimmt so bezüglich der Bewährung und des Sich-selbst-Verwirklichens auch eine Zwitterstellung ein.

Nicht das kommunistische, aber das anarchistische Pathos hängt mit der eben erwähnten Arbeitsverweigerung zusammen. Die Kommunisten erscheinen dann so, wie sie sind: als Kleinbürger, siehe DDR. Libertäres linkes Denken entspringt dagegen einer regressiven Bewegung: Ich muss mir keine Verdienste erwerben. Und: Sollen doch die anderen für mich arbeiten. Diese Linken sind also tendenziell parasitär. Gleichheit dagegen bedeutet, so viel arbeiten zu wollen und zu müssen wie die anderen. Mindestens. Das Ablehnen des Leistungsdenkens, der »Konkurrenzmaschinerie« entspringt dieser regressiven Haltung. Verantwortlich für das Leistungsdenken kann der Staat, das System, der Kapitalismus und natürlich auch das Patriarchat gemacht werden. Die Utopie ist nicht die klassenlose Gesellschaft, sondern die ohne Arbeit, ohne sich bewähren zu müssen. Bedingungslose Wertschätzung, die der Humanistische Psychologe Carl Rogers als therapeutische Basisvariable einfordert, ist dann so albern wie der Werbespruch von »Du darfst«-Produkten vor etlichen Jahren: »Ich will so bleiben, wie ich bin.«

Dieses moderne Nützlichkeitsdenken, das mit der Pflicht verbunden ist, dass sich der Einzelne formt, hat seine abendländischen Wurzeln in einer spezifischen Arbeit an sich selbst (Foucault 1993). De Sade ist von dieser Arbeit besessen. Dazu Foucault:

> »Zusammenfassend können wir sagen, dass es im Christentum der ersten Jahrhunderte zwei Hauptformen der Selbstenthüllung gab, zwei Wege, auf denen man die Wahrheit über sich selbst offenbarte. Die erste Form ist *exomologésis* oder der dramatische Ausdruck der Situation des Büßers als eines Sünders, der seinen Status als Sünder publik macht. Die zweite Form wird in der spirituellen Sprache *exagoreusis* genannt. Sie erheischt die unablässige analytische Verbalisierung von Gedanken im Zeichen des absoluten Gehorsams gegenüber einem anderen. Diese Gehorsamsbeziehung ist bestimmt durch den Verzicht auf eigenen Willen und das eigene Selbst« (Foucault, 1993, S. 61).

De Sade entpuppt sich in dieser Perspektive als durch und durch katholisch geprägt. Seine Figuren der Lustmörder müssen sich unablässig im Diskurs erklären, als negative Sünder, als Sünder, die gerne sündigen und trotzdem Sünder bleiben. Unklar bleibt, wem sie in der unablässigen Verbalisierung ihrer intimsten Wünsche Gehorsam leisten. Klar ist nur, dass sie zur Offenbarung verpflichtet sind – eventuell dem christlichen Gott gegenüber?

Gleichheit als die Pflicht jedes Einzelnen, sich zu bewähren, lässt sich transferieren, umdeuten in Normierung (vgl. Foucault, 1977a). Jeder Bürger, jede Bürgerin muss sich messen lassen an seiner, ihrer Fähigkeit, quantifizierbare Normen zu erfüllen wie das Schlankheitsideal oder die Optimierung und Maximalisierung sexueller Lust (quantifizierbar in Anzahl und Intensität der Orgasmen pro Woche). »Das habt Ihr nun von Eurem Wunsch nach Gleichheit!«, könnte so zynisch ausgerufen werden. Die Norm ist die *perverse* Variante der Gleichheit, der Gleichmachung. De Sade ist ein entschiedener Gegner dieser Form der *Per-*

version. Er ist ein Dissident von Natur aus. Die Figuren aus seinen Texten sind Monumente der Einzigartigkeit.

Normen werden umgesetzt über normative Erwartungen einer Gesellschaft, die gleichsam einen Verpflichtungscharakter besitzen. Lotter (2012) geht davon aus, dass weder Gesetze noch moralische Gebote eine Gesellschaft zusammenhalten, sondern eben normative Erwartungen, die jeder, jede erfüllen will, um ein anerkanntes Mitglied der Gesellschaft zu sein. Jede, jeder will so in der Terminologie Voltaires oder Diderots ein sittliches Element einer Gesellschaft sein (siehe weiter oben). Genau diese Überzeugung hebelt de Sade aus. Er predigt eben nicht die Anpassung an die Normen. Er will nicht, dass sich jemand gut fühlt, weil er sich als anerkanntes Mitglied der Gesellschaft erlebt. Der Marquis de Sade würde sich auf diese Weise niemals zu einem Jedermann-Bürger erniedrigen. Er pocht auf die Souveränität der bösen Impulse in jedem, die sich artikulieren lassen, nicht nur um damit der menschlichen Natur zu folgen, die eben auch böse Impulse enthält, sondern um sich von der Masse, vom Massenmenschen abzusetzen. Das Böse ist die primäre Quelle der Möglichkeit zur Differenz zum anderen. Jederzeit kann das Böse zuschlagen. Sein Potenzial besteht aus seiner Unberechenbarkeit. Ein Streicheln eines Körpers kann jederzeit umschlagen in einen Riss, verursacht durch ein scharfes Messer. Das Messer kann auch sofort die Kehle durchschneiden, lautlos und elegant. De Sades *Sadismus* hat so nichts mit den vorab abgesprochenen Turnübungen heutiger SM-Praktiken zu tun, die in ihrer Latex-Trostlosigkeit und ihrer schwülstigen Sprache eigentlich sofort auf den Index gehörten – so würde das de Sade vermutlich denken. De Sade durchbricht die Kindergartenidyllen des Gesellschaftsvertrags, des gesellschaftlichen Aushandelns und Ringens, des Kampfes um Anerkennung und Respekt.

Aber wir müssen anerkennen: Voltaire und Diderot haben sich durchgesetzt und nicht Sade. Zumindest sehen wir uns als die Jüngerinnen und Jünger der Erstgenannten. Von de Sade wollen wir in der Regel nichts wissen.

Das mag unabsehbare und verhängnisvolle Konsequenzen haben. Eine besteht darin, dass wir das Böse in uns abspalten und so in einer permanenten Desintegration leben, die eigenen bösen Impulse in andere Objekte legen und diese dort verfolgen. Die unendlich vielen Krimiserien im Fernsehen dienen offenkundig auch dazu, bei den gezeigten Kriminellen und Psychopathen die eigenen bösen Anteile zu deponieren und sich versichern zu können, auf der Seite des Guten zu stehen. Aber auf diese Weise wissen wir wenig oder nichts über das eigene Böse. Wir können es so nicht einbinden und uns nicht integrieren.

Im Sinne der Jung'schen Psychoanalyse misslingt dann das, was C. G. Jung Individuation genannt hat: »Die Selbstwerdung eines Menschen zu einem ganzen, unteilbaren und von anderen Menschen und der Kollektivpsychologie unterschiedenen (wiewohl in Beziehung zu diesen stehenden) Individuum« (Samuels et al., 1989, S. 106). Wenn ich das (auch abgrundtief) Böse in mir nicht anerkenne, gelingt die Individuation nicht. Ich bleibe quasi ein Massenmensch. »Die Individuation befindet sich stets mehr oder weniger im Gegensatz zur Kollektivnorm, die keine absolute Gültigkeit besitzt. ›Je stärker die kollektive Normierung des Menschen, desto größer ist seine individuelle Immoralität‹« (ebd., S. 107). Je stärker ich eine kollektiv geteilte Ideologie (Nationalsozialismus, Kommunismus) vertrete, je mehr ich einer unter vielen Gleichgesinnten bin, umso leichter fällt mir das Morden, tun doch die anderen nichts anderes. Ich morde dann mit einem guten Gefühl im Bauch. Nur der individuierte Mensch trägt für sich dagegen die volle Verantwortung. Das erschwert das Morden erheblich. Im Sinne de Sades anerkennen, dass ich sowohl Justine als auch Juliette bin, wäre also die Basis meiner Individuation.

Aber die Moderne hat sich nur Justine auf die Fahnen geschrieben, um dann als ihre verdrängte oder verworfene Kehrseite (Juliette) zu morden wie noch nie zuvor in der Menschheitsgeschichte. Hätte Juliette mit an Bord kommen dürfen, dann wäre die Geschichte vielleicht anders gelaufen. De Sade ist in dieser Perspektive ein Kultur- und Zivilisationsbewahrer. Wer hätte das gedacht?

Das Missgeschick der Tugend – Teil zwei

Nachdem nun de Sade in den moralischen Adelstand versetzt worden ist, dürfen wir uns unbesorgter seinen Texten nähern.

»Erzogen wurden Justine und ich im Kloster Panthemont« (de Sade, 1994, S. 43). Die Ich-Erzählerin ist hier Juliette. Ein Kloster ist der paradigmatisch am meisten geeignete Ort, um dem Laster zu verfallen, ein geschützter Raum, in dem alles Mögliche entstehen kann, und sei es nur der Langeweile geschuldet, die in diesen Mauern beheimatet ist. Das, wovor ein Kloster schützen will, ist genau das, was dann unausweichlich entstehen muss. Das Abgewehrte setzt sich auf irgendeine Weise durch. Das ist das eherne Gesetz der Abwehr im Sinne Freuds.

100 Jahre vor Freud beschreibt de Sade die Macht des Abgewehrten – des Abgewehrten in der für de Sade prophetisch geahnten Moderne. Es geht hierbei um die Abwehr des Bösen, das aus Impulsen wie Aggression, Destruktivität und eben auch Sadismus besteht. Das Selbstverständnis des Menschen in der Moderne wird mit dieser Abwehr definiert, seinem Ich-Ideal, das mit dem Bösen nichts zu tun haben will, es weit weg von sich weisen muss. Schließlich will der Mensch in

der Moderne aufgeklärt, zivilisiert, ein Kulturwesen und affektkontrolliert (Elias) sein. Seine oberste Tugend ist die Selbstkontrolle. Er ist der wahre Nachfolger Zarathustras. Der Mensch in der Moderne will zudem mit dem Tod nichts mehr zu tun haben – mit diesem nun unfassbaren, *unvernünftigen* und *nutzlosen* Einbruch der Gewalt (Ariès, 1995). Dass dieses Ich-Ideal in keiner Weise zu einer Minderung der Gewaltausübung führt, vielmehr eine positive Korrelation mit dieser besteht – je höher das Ich-Ideal, umso mehr Gewalt –, beweisen die letzten 200 Jahre (Ritter, 2013).

Bataille (1978) beschreibt ein Modell von Verbot und Übertretung, die die Zunahme an Gewalt in der Moderne erklären könnte: je stärker die Verbote, umso heftiger ist die Überschreitung. Je stärker Gewalt als nicht dem Ich-Ideal entsprechend abgewehrt wird, umso massiver werden die Gewaltausbrüche.

> »Wir finden diese Implikationen von Anfang an in dem Übergang vom Tier zum Menschen, der darin bestand, dass mit den Verboten das wesentlich menschliche Verhalten eingeführt wurde. Die Verbote haben die Art und Weise verändert, in der der Mensch seine animalischen Bedürfnisse befriedigte, seine Art zu essen und seine Art auszuscheiden, aber sie haben sich vor allem auf zwei Bereiche erstreckt: auf den des Todes einerseits und auf den der Fortpflanzung andererseits. Die Menschen zeichnen sich durch ein Vermögen aus, die Befriedigung hinauszuschieben, die unmittelbaren Triebe zu zügeln und manchmal sogar zu beherrschen. Der unaufhörlichen Promiskuität substituieren sie Regeln. Sie bemühen sich, den verfemten Bereich, in dem die Gewalt des Todes wütet – der für ansteckend gehalten wird – von dem Bereich, in dem das friedliche Alltagsleben abläuft, zu trennen« (ebd., S. 51).

Mit de Sade scheinen auf den ersten Blick die Verbote, die den Sex und den Tod betreffen, zu enden. Beides wird zusammengeführt in dem sexuell motivierten Tötungsakt. De Sade kehrt so in gewisser Weise der Idee des modernen Menschen den Rücken. Er plädiert auf der imaginären Ebene für die Abschaffung der Abwehr, wiewohl das Böse für ihn eben nur ein Teil der menschlichen Natur ist (Juliette). So geht es bei ihm eher um die Ausleuchtung der Bandbreite dieser Natur. Justine gehört auch dazu. De Sade gibt zu bedenken, dass wir wissen sollten, wie viel Tier in uns steckt. Wir sollten unsere bösen Anteile nicht so abwehren, dass sie sich katastrophisch entladen wie etwa in den zwei Weltkriegen des 20. Jahrhunderts oder in der Diktatur des Naziregimes oder unter Stalin. »Es war die Einhaltung der Verbote und nicht der Gebrauch der Vernunft, die dem Menschen das Gefühl vermittelte, kein Tier zu sein« (ebd., S. 51). Verbote einzuhalten, füttert ein *edles* Ich-Ideal, nährt also den menschlichen Narzissmus. Triebenergie wird im Sinne Freuds umgewandelt in Narzissmus.

»Die Menschen beachten diese Verbote, aber sie behalten sich schwerwiegende Augenblicke vor, in denen sie sie verletzen. Sie empfinden zwar nicht das Bedürfnis, jedes Gesetz systematisch zu überschreiten; aber im allgemeinen behauptet der Augenblick der Überschreitung einen unersetzbaren Platz im menschlichen Leben, was an der Einhaltung der Verbote, die das wesentlich menschliche Verhalten ausmacht, nichts ändert« (ebd., S. 52).

Der Mensch wäre im Sinne Batailles quasi von Natur aus gespalten: in das Einhalten der Verbote und in deren Überschreitung. »Das Verbot behält wesentlich die Möglichkeit der Überschreitung vor und ebenso behält die Überschreitung die Strenge des Verbots bei« (ebd., S. 52). Das könnte so verstanden werden, dass je rigider die Verbote sind, umso heftiger die Überschreitungen ausfallen. Damit ließe sich erklären, warum die Moderne so blutig ist. Ein von Gewalt befreites Ich-Ideal kippt in die Lust am Massaker. De Sade wird in der Moderne verurteilt, weil er eben dieses Ich-Ideal massiv angezweifelt hat. Das wollte in der Moderne fast niemand wissen; auch nicht, dass die Stärke der Verbote mit dem Ausmaß der Überschreitung zusammenhängen.

Literatur

Ariès, P. (1995). *Geschichte des Todes*. München: dtv wissenschaft.
Bataille, G. (1975). *Die Aufhebung der Ökonomie*. München: Rogner & Bernhard.
Bataille, G. (1978). *Die psychologische Struktur des Faschismus – Die Souveränität*. München: Matthes & Seitz.
Beckenbach, N. & Klotter, C. (2014). *Gleichheit und Souveränität*. Wiesbaden: Springer VS.
Burleigh, M. (2000). *Die Zeit des Nationalsozialismus*. Frankfurt/M.: S. Fischer.
Colpe, C. (1993). Religion und Mythos im Altertum. In C. Colpe & W. Schmidt-Biggemann (Hrsg.), *Das Böse. Eine historische Phänomenologie des Unerklärlichen* (S. 13–89). Frankfurt/M.: Suhrkamp.
Culianu, J. P. (2001). *Eros und Magie in der Renaissance*. Frankfurt/M.: Insel.
Feyerabend, P. (1986). *Wider den Methodenzwang*. Frankfurt/M.: Suhrkamp.
Foucault, M. (1973). *Wahnsinn und Gesellschaft*. Frankfurt/M.: Suhrkamp.
Foucault, M. (1974). *Die Ordnung der Dinge*. Frankfurt/M.: Suhrkamp.
Foucault, M. (1977a). *Überwachen uns Strafen*. Frankfurt/M.: Suhrkamp.
Foucault, M. (1977b). *Sexualität und Wahrheit*. Band 1. Frankfurt/M.: Suhrkamp.
Foucault, M., Rux, M., Martin, L. H., Paden, W., Rothwell, K., Gutman, H. & Hutton, P. H. (1993). *Technologien des Selbst*. Frankfurt/M.: S. Fischer.

Foucault, M. (1993). Technologien des Selbst. In M. Foucault, M. Rux, L.H. Martin, W. Paden, K. Rothwell, H. Gutman & P.H. Hutton (Hrsg.), *Technologien des Selbst* (S. 24–62). Frankfurt/M.: S. Fischer.
Giese, H. (1972). Vorwort zu: Die 120 Tage von Sodom. In D. A. F. de Sade, *Die 120 Tage von Sodom*. Frankfurt/M.: Fischer.
Herbert, U. (1996). *Best – Biographische Studien über Radikalismus, Weltanschauung und Vernunft – 1903–1989*. Bonn: Dietz.
Klee, E. (2003). *Das Personallexikon zum Dritten Reich*. Frankfurt/M.: Fischer.
Klotter, C., Beckenbach, N. (2012). *Romantik und Gewalt*. Wiesbaden: Springer VS.
Klotter, C. (2014). *Fragmente einer Sprache des Essens*. Wiesbaden: Springer VS.
Klotter, C. (2015). *Männergruppen, Politsex, Entgrenzung. Zu den Folgen der 68er Bewegung*. Lengerich: Pabst.
Lever, M. (1995). *Marquis de Sade – die Biographie*. Wien, München: Europaverlag.
Lotter, M. S. (2012). *Scham, Schuld, Verantwortung – Über die Grundlagen der Moral*. Frankfurt/M.: Suhrkamp.
Ritter, H. (2013). *Die Schreie der Verwundeten – Versuch über die Grausamkeit*. München: Beck.
Sade, de D. A. F. (1972, 1785, 1909). *Die 120 Tage von Sodom*. Frankfurt/M.: Fischer.
Sade, de D. A. F. (1972b). *Der Greis in Charenton – letzte Aufzeichnungen und Kalkulationen*. München: Reihe Hanser.
Sade, de D. A. F. (1990). *Justine und Juliette*. Band I. München: Matthes & Seitz.
Sade, de D. A. F. (1994). *Justine und Juliette*. Band V. München: Matthes & Seitz.
Samuels, A., Shorter, B. & Plaut, F. (1989). *Wörterbuch Jungscher Psychologie*. München: Kösel.
Schmidt-Biggemann, W. (1993). Vorwort: Über die unfassliche Evidenz des Bösen. In C. Colpe & W. Schmidt-Biggemann (Hrsg.), *Das Böse. Eine historische Phänomenologie des Unerklärlichen* (S. 7–12). Frankfurt/M.: Suhrkamp.
Schupp, F. (2003). *Geschichte der Philosophie im Überblick*. Band 3. Hamburg: Meiner.
Zweifel, S. & Pfister, M. (1990). Sade zwischen Justine und Juliette. In D. A. F. de Sade, *Justine und Juliette* (S. 11–40). München: Matthes & Seitz.

Provozierende Gedanken zu einer provokanten Romanze

Eva Illouz über die neue Liebesordnung und *Shades of Grey*

Lilian-Astrid Geese

Liebesromane – »Romance Novels« – stehen ganz oben auf der Liste erfolgreich vermarkteter Lektüren. 2011 wurde mit ihnen in den USA ein Umsatz von 1,358 Milliarden US-Dollar erzielt. Das sind 14 Prozent der Verkaufserlöse des Buchmarktes. 474 Titel dieses Genres schafften es in jenem Jahr auf die Bestsellerlisten von *New York Times*, *USA Today* und *Publishers Weekly*.

Der globale Branchenführer für diesen Typ Literatur ist Harlequin aus Toronto, sein deutscher Ableger heißt Cara. Der Tochterverlag mit Sitz in Hamburg veröffentlicht etwa 800 neue Titel jährlich und verkauft davon circa 15 Millionen Exemplare. 91 Prozent der »Romance«-Leserschaft ist weiblich. 31 Prozent davon bezeichnen sich als »Intensivleserinnen«, das heißt, sie lesen täglich.

Angesichts dieser Zahlen konnte der riesige Erfolg von Erika Leonards alias E. L. James' Romantrilogie *Shades of Grey* nicht überraschen. Dennoch waren die Feuilletons und Gesellschaftsseiten der Medien voll von Erklärungsversuchen. Und während die Fans bereits die rasch nachgelegten literarischen Trittbrettfahrer lasen und in Blogs heftig stritten, wer bei der unvermeidlichen Verfilmung die Rollen von Anastasia »Ana« Steele und Christian Grey spielen sollte, debattierten die Experten für Literatur und Soziokultur weiter über die Frage, warum Sex und Trash sich immer verkaufen. Auch die auf Untersuchungen über Liebe und Gefühle spezialisierte israelische Soziologin Eva Illouz (*Warum Liebe weh tut*) beleuchtete den gedruckten Kassenschlager in ihrem im Sommer 2013 bei der Edition Suhrkamp erschienenen Aufsatz »Die neue Liebesordnung. Frauen, Männer und Shades of Grey«.

»Erfolgreiche Bücher sind Barometer für die Normen und Ideale einer Gesellschaft« (Illouz, 2013, Pos. 40 [E-Book-Version]), postuliert die feministisch argumentierende Autorin und erläutert das am Beispiel der Trilogie *Shades of*

Grey. Sie hätte auch über Daniel Defoes *Robinson Crusoe* schreiben können, merkt sie augenzwinkernd an.

»[Aber] dass ein Softporno über zwei Menschen, die sich sadomasochistischen Praktiken hingeben, etwas über einhundert Jahre nach Kate Chopins 1899 für Skandale sorgendem Klassiker der frühen Frauenbewegung *Das Erwachen,* zu einem weltweiten Bestseller werden kann, erlaubt uns einen Einblick in den gravierenden Wertewandel, der seitdem in der westlichen Kultur stattgefunden haben muss und der so einschneidend gewesen zu sein scheint wie die Einführung von Fließendwasser und Elektrizität in Privathaushalten« (ebd., Pos. 99).

Der Erfolg von *Shades of Grey* kam nicht über Nacht: 2009 veröffentlicht Erika Leonard das moderne Märchen von der Studentin und dem Millionär unter dem Pseudonym »Snowqueen's Icedragon« auf den Fanfiction-Seiten zu Stephenie Meyers Vampirromanen. Als kritische Kommentare zum sexuellen Gehalt ihrer Texte überhand nehmen, publiziert sie sie auf ihrer eigenen Website weiter. 2010 gründet der australische Herausgeber »The Writer's Coffee Shop« einen Verlag, der *Shades of Grey* unter dem Pseudonym E. L. James als E-Book und Print-on-Demand-Taschenbuch auf den Markt bringt. Soziale Medien und virales Marketing machen den Roman zum Hit. Innerhalb weniger Monate findet *Shades of Grey* 250.000 Käuferinnen (und Käufer). Im März 2012 erwirbt *Random House* angeblich für eine Million US-Dollar die Rechte, wirft die globale Marketingmaschine an und macht das Werk zum Bestseller. Die in über 50 Sprachen übersetzten Bücher wurden mittlerweile weit über 70 Millionen Mal verkauft.

2015 feierte die Verfilmung des ersten Teils der Trilogie – *Geheimes Verlangen* – unter dem Titel *Fifty Shades of Grey* mit Dakota Johnson und Jamie Dornan in den Hauptrollen ihre Premiere bei den Internationalen Filmfestspielen Berlin. 1,35 Millionen Zuschauer strömten allein in Deutschland am Eröffnungswochenende in die Kinos, um den Film zu sehen. Die Kritiker kommentierten ihn erwartungsgemäß süffisant als unfreiwillig komisch, niveaulos, langweilig. Das Publikum war begeistert.

Ihren nicht ganz neuen, jedoch wohlsortierten Betrachtungen zu der dreibändigen Liebesschmonzette – E. L. James nennt sie auf ihrer Website »Provocative Romance« – stellt Illouz zunächst einige allgemeine Überlegungen zur Frage »Was ist ein Bestseller?« voran. Sie erläutert, dass Bestseller »Werte und Einstellungen transportieren, die entweder bereits hegemonial und weithin institutionalisiert oder immerhin schon so weit verbreitet sind, dass sie mittels eines kulturellen Mediums in den Mainstream vordringen können« (Illouz, 2013, Pos. 103), und sie betont, dass Bestseller »gemacht« werden:

> »[Sie sind] das Ergebnis eines Prozesses, der im 16. Jahrhundert einsetzte und den wir als die Kommerzialisierung des Buches bezeichnen können [...]. Mit Hilfe der Marktforschung versucht man, den Publikumsgeschmack zu ermitteln, vorherzusagen und zu beeinflussen. Die Plots [...] folgen ausgeklügelten und standardisierten Formeln, die gehütet werden, wie die Rezepte von Coca Cola« (ebd., Pos. 123).

Nun wissen wir seit Malcolm Gladwells *Tipping Point* (2000), dass Trends nicht von allein entstehen. Es müssen die richtigen Leute an den richtigen Stellen an den Schrauben drehen bzw. für etwas werben. Laut dem amerikanischen Soziologen Michael Schudson (1989) bedingen fünf Faktoren den Erfolg einer Idee: Verfügbarkeit, rhetorische Kraft, Resonanz, institutionelle Speicherung, Bestimmtheit.

Gladwell und Schudson allein erklären jedoch nicht das Phänomen von *Shades of Grey*. Wie also konnte es dazu kommen? In *Die neue Liebesordnung. Frauen, Männer und Shades of Grey* verspricht Eva Illouz eine Antwort auf die Frage. Ihre Argumente lassen sich in zehn Thesen zusammenfassen.

These 1: Resonanz. Bestseller erzählen Geschichten, die die Themen tangieren, mit denen sich eine Gesellschaft auseinandersetzt. Zwischen dem Roman und »seiner« Gesellschaft entsteht eine »Resonanzbeziehung«. Das Narrativ bietet den passenden (oder einen neuen) Rahmen, der dem Publikum hilft, ein bestimmtes Phänomen zu verstehen. Texte werden populär, wenn sie (symbolische) Lösungen für soziale Widersprüche vorschlagen. *Shades of Grey* liefert Rezepte, die Leserinnen und Leser befolgen können.

These 2: Shades of Grey erzählt eine Geschichte, die viele der unlösbaren Fragen vor Augen führt, die sexuelle Beziehungen zwischen Männern und Frauen in unserer Gegenwart kennzeichnen. Das sadomasochistische Verhältnis der Figuren bietet dabei einen Ausweg aus dem Dilemma (und ein Verfahren zur Überwindung der Hilflosigkeit angesichts der Unlösbarkeit der Lage).

These 3: Shades of Grey passt perfekt in die Selbsthilfekultur der modernen Gesellschaft. Für Illouz ist die Trilogie ein »sexueller Selbsthilfeleitfaden«. Selbsthilfe wird dabei als kultureller Marker verstanden. Es ist eine kleine Ironie am Rande, dass es »Selbsthilfeläden« waren – was der deutsche Heimwerker »Baumarkt« nennt, ist für den anglofonen Bastler der DIY *(Do it yourself)* Shop –, die nach dem Kinostart der *Shades of Grey* die Nachfrage nach Kabelbindern kaum bewältigen konnten.

These 4: Shades of Grey ist ein Frauenroman, »von einer Frau geschrieben, als Frauenroman beworben und in erster Linie von Frauen gelesen« (ebd., Pos. 464). Er formuliert »eine zeitgenössische Liebesutopie, die sich wie Phönix aus der Asche der Konventionen romantischer Leidenschaft erhebt« (ebd., Pos. 564). Denn anders als beispielsweise in Pauline Réages *Geschichte der O* (1954) endet das sexuelle Drama nicht mit dem Tod oder der »Vernichtung der Frau als begehrenswertes Subjekt« (ebd., Pos. 993).

These 5: Shades of Grey ist kein feministisches Buch, hat aber »feministische Codes in seine Erzählstruktur und in die Figuren eingearbeitet« (ebd, Pos. 824). Illouz konstatiert die »Sehnsucht nach dem Patriarchat« als »Gegenreaktion auf den Feminismus« (ebd., Pos. 884), weil sich Frauen

> »nach den emotionalen Bindungen sehnen, die die männliche Vorherrschaft begleiten. [...] Dass der Roman so viele Handlungen schildert, die von Greys Wunsch motiviert sind, Ana zu beschützen und zu besitzen, spricht dafür, dass ihnen große Bedeutung zukommt. In ihnen spiegelt sich nämlich die Zwiespältigkeit vieler Frauen gegenüber der Art und Weise, wie der Feminismus traditionelle Männlichkeit und Weiblichkeit und damit die Geschlechterverhältnisse veränderte – ein ambivalentes Ergebnis, das damit zu tun hat, dass die feministische Revolution weitgehend unvollendet geblieben ist« (ebd., Pos. 885).

Natürlich merkt Illouz an, dass diese männliche Beschützerrolle nicht vom »feudalen Herrschaftssystem [getrennt werden kann], in dem der Mann solchen Schutz gewährt«, und sie betont, dass die »Sehnsucht nach der sexuellen Dominanz der Männer keine Sehnsucht nach ihrer gesellschaftlichen Dominanz als solcher« (ebd., Pos. 907) ist. Ihre Schlussfolgerung lautet: »So gesehen ist die Phantasie, die den Kern der Geschichte bildet, ein Musterbeispiel für ein ›falsches Bewusstsein‹« (ebd., Pos. 912).

These 6: Auch in anderer Hinsicht bietet *Shades of Grey* eine Antwort auf ein zeitgenössisches Dilemma, das Illouz wie folgt beschreibt: »Moderne Gesellschaften produzieren ein chronisches Defizit an Anerkennung. [...] Die Anerkennung [hat sich] zu einer zentralen Problematik für moderne Liebesbeziehungen entwickelt« (ebd., Pos. 763). Die Autorin spricht hier von einer neuen soziologischen Qualität.

These 7: Die zentrale von BDSM geprägte Beziehung zwischen Christian Grey und Ana Steele, den Protagonisten der Geschichte, spiegelt letztlich auch die Verlagerung der Sexualität auf das Feld der Identitätspolitik wieder: »Die SM-Beziehung entwickelt sich parallel zur Entfaltung von Anas Subjektivität als gleichwertiges begehrendes Subjekt. BDSM bietet mithin eine Reihe von symbolischen Strategien, um die Dilemmata des heterosexuellen Kampfes zu überwinden« (ebd., Pos. 1007). Illouz behauptet, BDSM bereichere den Kampf um Anerkennung zwischen den Geschlechtern in modernen Liebesbeziehungen um »eine interessante Wendung«, da es dem Schmerz eine Form verleihe, ihn also ästhetisiere. Gleichzeitig biete BDSM einen Ausweg angesichts des »Begehrens«, das, so erklärt die Soziologin unter Verweis auf Roger Scrutons *Sexual Desire* (1986), »freiwillig gegeben« werden müsse und nicht Gegenstand einer konsensuellen Übereinkunft sein könne. BDSM beruhe zwar auf einem Konsens, erfordere aber kein »freiwillig gegebenes« Begehren.

> »BDSM ist hochgradig formalisiert und daher angstfrei. [...] BDSM ist eine brillante Lösung für die strukturelle Instabilität von Liebesbeziehungen, gerade weil es sich um ein immanentes, in einer hedonistischen Definition des Subjekts verankertes Ritual handelt, das Gewissheit über Rollen, Schmerz und die Kontrolle des Schmerzes sowie die Grenzen des Konsenses verspricht« (ebd., Pos. 1160).

These 8: Das Feld der Sexualität ist soziologisch gesprochen unbestimmt geworden. *Shades of Grey* aber osziliert zwischen der Unbestimmtheit der zeitgenössischen Liebesbeziehung und der Bestimmtheit der Rollen und Positionen beim SM-Sex.

These 9: Shades of Grey ist kein Porno, sondern »eher ein Ratgeber«. Die Sexszenen zielen nicht darauf ab, die visuelle Vorstellung anzustacheln, sondern Leser und Leserinnen über einfallsreiche und effektive Möglichkeiten zur Steigerung ihres sexuellen Vergnügens zu belehren. Dass diese Selbsthilfe-Erotik (»Erotik zum Selbermachen«) hier nicht nur als kultureller Modus, sondern ganz real als Marketing-Motor funktioniert, belegen übrigens eindrücklich die deutlich gestiegenen Absatzzahlen von Sexspielzeugen in den USA nach Erscheinen des Romans oder ein Blick auf den bunten Mix von »sex toys« und andere softpornografische Lektüre, die das Online-Kaufhaus Amazon offeriert, wenn man den Titel von E. L. James' Trilogie in die Suchmaske eingibt. Der bereits erwähnte Sturm auf die Heimwerkermärkte steht im gleichen Kontext.

These 10: Shades of Grey bedient die (gender-typische) handlungsleitende Qualität von Literatur, denn, so Illouz, »Frauen lesen sozial, das heißt, sie lesen zusammen mit anderen und lassen sich durch die Lektüre zum Nachdenken über ihre engen – sexuellen oder emotionalen – Bindungen inspirieren, was zu dem Wunsch führt, diese zu verändern« (ebd., Pos. 1118).

Ein wenig blass bleibt nach den auf 88 Seiten formulierten Überlegungen zu *Shades of Grey* die Schlussfolgerung, die Eva Illouz zieht: Die Romantrilogie sei

»schlechte Literatur« (ebd., Pos. 1171), schreibt sie. Und doch kreuze sie »die Unterscheidung zwischen Fiktion und Wahrheit« (ebd., Pos. 1169), weil sie uns vor Augen führe, wie es heute um unser Sexual- und Liebesleben bestellt ist. Vielleicht ist der abschließende Verweis auf »unser Sexual- und Liebesleben« (ebd., Pos. 1172) die ureigene Marketingstrategie der Autorin, die zuletzt umfänglicher zu Liebe, Männern und Frauen publiziert hat. Es mag also ihre Einladung an die interessierte Leserin sein, in ihren anderen Texten weitere Einsichten zu suchen.

Vielleicht muss auch die Frage, was »schlechte Literatur« ist, neu gestellt werden. Eine banale Geschichte von Liebe und Leid, aufgepeppt mit ein bisschen Sex, jedoch ohne die Worte, die die Trilogie auf den Index wandern lassen würde bringt Menschen massenweise zum Lesen und zwar nicht nur ein Buch, sondern einige. Die Generation der Vampirromanliebhaberinnen wird älter und wünscht sich nun »richtige Traummänner«, die sie – mit bedingungsloser Liebe – aus der Schmuddelecke rausholen können. Davon handeln die etwas erwachseneren Romane, die sie aktuell verschlingen.

Sollen wir ihnen das ausreden? Oder sollten wir die Gelegenheit nutzen, in Zeiten überbordender und omnipräsenter elektronischer Medien (und sagenhaft niveauloser »Reality« Shows) dafür zu werben, dass das Lesen von Büchern schon ein Wert an sich ist, gleichgültig ob Pulp Fiction oder Fantasy. Schließlich haben wir alle mal mit Comic-Heftchen angefangen.

Literatur

Gladwell, M. (2000). *Der Tipping Point. Wie kleine Dinge Großes bewirken können.* Berlin: Berlin Verlag.
Illouz, E. (2011). *Warum Liebe weh tut.* Frankfurt/M.: Suhrkamp.
Illouz, E. (2013). *Die neue Liebesordnung. Frauen, Männer und Shades of Grey.* Frankfurt/M.: Suhrkamp [Kindle Edition, ASIN: B00D43TBI2].
Schudson, M. (1989). How culture works: perspectives from media studies on the efficacy of symbols. *Theory and Society, 18*(2), 153–180.
Scruton, R. (1986). *Sexual Desire. A Philosophical Investigation.* London: Orion Publishing.

Arbeit an Grenzen

SM-Praktiken im Konflikt mit Normalitätsvorstellungen

Elisabeth Wagner

Das Modell der Verhandlungs- oder Konsensmoral hat in der westlichen Welt die Orientierung an früheren konservativen Sexualmoralen stark zurückgedrängt oder gar ganz abgelöst. Diese Beobachtung gilt als Konsens in sexualwissenschaftlichen Diagnosen seit den 1990er Jahren. Nach dem Verhandlungsmodell gelten Handlungen im Kontext von Partnerschaft und Sexualität dann als legitim, wenn die Beteiligten als mündig und gleichberechtigt gelten und den Handlungen eigenverantwortlich zugestimmt haben. Darin ist die Annahme eingeschlossen, dass den Beteiligten sexuelle Handlungen aller Art auf einem »Markt der Möglichkeiten« (vgl. Plummer, 1995, S. 134) frei zur Verfügung stünden. Deren Realisierung hinge zunehmend von individuellen Bedürfnissen bzw. von Fragen der Machbarkeit ab und immer weniger oder gar nicht mehr von sexual-moralischen Vorgaben. Auf einer allgemein gesellschaftlichen Ebene wird daraus geschlossen, sexuelle Handlungen seien weitgehend liberalisiert. Sexualität wird diesem Konzept zufolge heute als persönliche Angelegenheit gedacht (vgl. Engel, 2008, S. 58), die sich, – sofern nicht strafrechtliche Fragen tangiert werden – dem staatlichen oder gesellschaftlichen Zugriff entziehe. Der Liberalisierungs- und Selbstbestimmungsdiskurs (vgl. Schmidt, 1998) in der westlichen Welt ebnete zudem der Pluralisierung von Sexualität den Weg und ließ die meisten ehemals devianten Sexualitäten, darunter auch den Sadomasochismus, in den »Neosexualitäten« (vgl. Sigusch, 2005) aufgehen. Für die Bestätigung dieser Annahme spricht unter anderem das jüngste Beispiel einer enorm erfolgreichen Vermarktung des SM-Themas, der Roman *Shades of Grey*, der die Popularisierung von SM in geradezu beispielhafter Weise vorführt.

Einige Arbeiten argumentieren jedoch kritisch gegen die Darstellung, dass sich sexuelle Handlungen dem Zugriff oder der Steuerung von außen so einfach entziehen könnten oder dass es eine von Normativität befreite Sexualität geben könne. So unterliefen zum Beispiel die hegemoniale Ordnung der Zweigeschlechtlichkeit, die Heteronormativität und auch die Normen der (modernen) Paarbeziehung die Vielfalt und die freie Gestaltbarkeit von Sexualitäten (vgl. z. B. Koppetsch & Lewandowski, 2015). Daneben entscheide persönlicher ökonomischer Erfolg über die Möglichkeit einer Anerkennung der eigenen Sexualität (vgl. u. a. Engel, 2008; Woltersdorff, 2004). Selbst der Roman *Shades of Grey* leistet hier einen normativierenden Beitrag in der Diskursivierung des Sadomasochismus. So bedient sich der Roman des SM-Themas in gewohnter Pathologisierung, weil er die sexuelle Präferenz des Protagonisten am Ende der Trilogie zugunsten einer romantischen Liebesbeziehung und der ›Heilung‹ aufgibt. Es spricht also einiges für die These, dass Sexualität keineswegs den Individuen überlassen ist, sondern dass sie in Normen und Diskurse eingebunden und darüber reguliert und normiert wird.

Der folgende Beitrag stützt die These der Regulierung und Normierung von Sexualität empirisch, indem er gezielt die Mechanismen der Selbstregulierung in den Blick nimmt. Er zeigt, wie sich diejenigen, die sich am Rande von sexueller Normalität erfahren und verorten, zu gesellschaftlichen Normalitätsvorstellungen und Diskursen immer wieder ins Verhältnis setzen und wie diese Diskurse in der Konstituierung des Selbst wirksam werden. Der Beitrag bezieht sich auf eine Untersuchung[1] über den Umgang mit dem Sadomasochismus aus Sicht von SM-Praktizierenden[2]. In dieser Untersuchung wurde die Frage gestellt, wie SM-Praktizierende SM in ihre Beziehungen, ihre Sexualität und in ihr Selbstverhältnis integrieren. Diese ›Integrationsarbeit‹ lässt sich als eine ›Arbeit an Grenzen‹ fassen, da sich SM-Praktizierende zum einen permanent mit den Grenzen ihres Handelns und deren Akzeptanz auseinandersetzen. Zum anderen vollzieht sich die Selbstkonstitution als SMler_in vor dem Hintergrund eines stets implizit präsenten Wissens über SM als randständiges, in der Vergangenheit moralisch verurteiltes, pathologisiertes Handeln und eines Wissens über den widersprüchlichen Umgang mit SM in der Öffentlichkeit. Nicht selten sind aus Sicht der

---

1 Es handelt sich hier um eine Dissertation unter anderem zur Frage, wie SM-Praktizierende SM in ihren Beziehungsalltag, ihre Sexualität und ihr Selbstverhältnis integrieren. Hierzu führte ich in den Jahren 2007 und 2008 narrative Einzelinterviews mit 24 SM-Praktizierenden durch, die sich selbst als SMler_in oder als BDSMler_in bezeichnen und sich als Teil der SM-Szene verstehen. Ziel war es, Handlungsorientierungen zu ermitteln, die im Kontext der Integration von SM in ein Selbstverhältnis sowie in Beziehungsalltag und Sexualität eine Rolle spielten (Wagner, 2014).

2 Ich verwende in diesem Artikel das Kürzel »SM« und meine damit alle Praktiken, die auch das Akronym BDSM beansprucht zu enthalten. Der Begriff SM-Praktizierende_r ist dem englischen Sprachgebrauch entnommen.

SM-Praktizierenden die Auseinandersetzungen im Umgang mit SM konflikthaft und fordern Identitätsfragen heraus. Konfliktlinien ergeben sich darüber hinaus entlang der Fragen von Akzeptanz und Umsetzbarkeit macht-, schmerz- und gewalterotischer Handlungen und Fantasien. Sie zeigen sich vor allem in den vielfältigen, außerordentlich detaillierten Versuchen, SM zu legitimieren und zu normalisieren.

In den folgenden drei Abschnitten erörtere ich verschiedene Ebenen der Auseinandersetzung mit SM, die zeigen, dass der Verweis auf das Verhandlungsprinzip als Legitimationsgrundlage nicht ausreicht. Im ersten Kapitel wird die ›Strategie‹[3] der Harmonisierung des SM-Handelns mit der Norm behandelt. Im zweiten Kapitel werden veruneindeutigende, auf Ambivalenzen verweisende Strategien aufgezeigt, die den Effekt haben, Handlungen dem diskursiven Zugriff zu entziehen und neue Handlungsspielräume zu sichern. Eine dritte Perspektive bewegt sich außerhalb der zuerst diskutierten Einebnungen auf der einen und der Ambivalenzen auf der anderen Seite und richtet den Blick auf die gegenseitige fundamentale Anerkennung in der Beziehung.

1. »Da haben wir echt dran arbeiten müssen« – Normalisierung und Normierung durch Vereindeutigung

> Über Norm und Normalisierung zu sprechen bedeutet deshalb, insbesondere über Abweichung sprechen zu müssen. Gewissermaßen nur im Rückschluss von dem, was ›nicht normal‹ ist, erschließt sich, was ›normal‹ ist.
>
> *Hark, 1999*

In den folgenden drei Interview-Beispielen steht die Verortung und Diskursivierung von SM-Handlungen im Mittelpunkt, in denen es um Macht und Unterwerfungshandeln geht.[4]

---

3 Der Strategie-Begriff ist an Foucault angelehnt und bezeichnet den bewussten oder impliziten Versuch, Handeln als »sinnhaft und anerkennungswürdig darzustellen und zu erleben« (Meili, 2008, S. 125).

4 Machterotische Handlungen unterliegen anderen Diskursivierungen als zum Beispiel schmerzerotische Handlungen. Deshalb wird an dieser Stelle analytisch zwischen den Varianten des Handelns im SM unterschieden.

Eine der Interviewpartner_innen, deren Schilderungen hier analysiert werden, ist Alexandra, 46 Jahre. Sie übernimmt die aktive Rolle in einer heterosexuellen Partnerschaft und berichtet am Beispiel einer den Partner degradierenden Praktik von anfänglichen Schwierigkeiten, machterotisches Handeln im Rahmen von Beziehungshandeln umzusetzen. Sie berichtet von den spezifischen Zugängen und Wegen, die das Paar nach und nach gefunden hat, um Fantasien zu realisieren. Eine zentrale Frage ist für sie die nach der Möglichkeit einer Umsetzung ihres Wunsches nach Hierarchisierung in der Beziehung. Die Realisierung scheitert zunächst an allerlei Vorbehalten. So erzählt sie von den Selbstzweifeln, die sie vor allem »als Frau« gehabt habe. Für sie sei es nicht selbstverständlich gewesen, in direktiver Weise Macht überzeugend ausüben (»von innen auszutoben«) und ihren Willen »OHNE Wenn und Aber und OHNE Diskutieren« artikulieren zu können und zu dürfen. Es sei ihr zum Beispiel »wahnsinnig schwer gefallen, mich mit nem Glas Sekt und mit ner Zigarette hinzustellen und meinen Mann die Küche sauber machen zu lassen«, und zwar »nackt auf allen vieren mit nem kleinen Schwamm«, wie sie später konkretisiert.

Als zentrale Hürde in der Realisierung solcher Wünsche macht Alexandra erlernte und habitualisierte Weiblichkeitsnormen geltend. In ihrer Darstellung stehen Geschlechternormen solchen Praktiken direktiver Machtausübung entgegen, womit, um es mithilfe der Normalisierungsprozess-Theorie (vgl. May & Finch, 2009) zu formulieren, eine Inkohärenz zwischen den Sinnwelten, hier des weiblich angemessenen Handelns und eines Machthandelns, zum Ausdruck kommt. Implizit konstruiert Alexandra Macht- und Herrschaftshandeln gleichzeitig als ein Potenzial männlicher Handlungsspielräume. Geschlecht wird damit zu einer Strukturkategorie machterotischen Handelns.

Alexandras Schilderung liegt zudem ein spezifisches Verständnis von Macht und Dominanz zugrunde. Es tritt hier eine Vorstellung von Macht zutage, die nicht (allein) handlungspraktisches Wissen bzw. Kompetenz ist. Stattdessen wird Macht – will sie überzeugend sein – ›als eine persönliche Befähigung‹, als ›Talent‹ oder ›Neigung‹ konstruiert, wenn Alexandra unter anderem die Formulierung »von innen auszutoben« verwendet. Damit zitiert sie zum einen die in der SM-Szene verbreitete Auffassung von Dominanz als Teil der Persönlichkeit. Zum anderen nimmt sie Bezug auf eine auch allgemein verbreitete Mutmaßung des Zusammenhangs von Dominanz und Persönlichkeit.

Indem sich Alexandra nun rückblickend von dieser Orientierung an Normen weiblichen Handelns distanziert, ›entlarvt‹ sie diese erlernte Haltung als Irrtum und als äußerlich. Ihrer Argumentation zufolge werden mit dieser Distanzierung Hürden beiseite geräumt, die ihr zuvor den Zugang zu einer ›dominanten Persönlichkeit‹ oder auch nur einer ›inneren Lust an Dominanz‹ versperrten. In normalisierungstheoretischer Sicht wird damit eine wichtige Säule auf dem Weg zur Herstellung von Kohärenz differierender Sinnwelten sichtbar: Altes (Normen-)Wissen darüber, wie machtvoll bzw. dominant Frauen in Partnerschaften handeln dürfen, wird mit einem (durch die SM-Szene vermittelten) neuen Wissen in Einklang gebracht. Alexandra schildert exemplarisch, welcher Art die Integrationsarbeit ist: Zunächst benennt sie eine spezifische Gruppe, die »dominanten Frauen«, mit der sie sich identifiziert und deren Wünsche sie teilt. Sie bezieht sich dabei auf ein Szene-Wissen, in dem »dominanten Frauen« bereits die Lust an der Dominanz zugestanden wird. Dabei fungiert diese Gruppe als Identitätskategorie, die es Alexandra ermöglicht, ihre Lust an der Dominanz und an machterotischem Handeln zu legitimieren. Machterotik wird damit zu einer Möglichkeit weiblichen Handelns und so in eine Weiblichkeitsnorm, wenngleich über den Weg der Spezifizierung, überführt. Diese ›dominanten Frauen‹ sind allerdings als das Besondere, Außergewöhnliche, das Andere konstruiert, denn Alexandra kontrastiert diese Kategorie an anderer Stelle mit der »Stino-Frau«[5], also der Frau, die nach ihrem Dafürhalten der Norm entspricht.

Der eingangs formulierte Wunsch Alexandras nach Kontrollübernahme bzw. Machtausübung bedarf hinsichtlich seiner Realisierung einer Integrationsarbeit, deren einzelne Schritte sie in ihrer Schilderung ausführt. So errichten sie und ihr Partner ein Setting, dem ein Ausnahmecharakter zugewiesen wird und in dem ein Spielraum für Experimente entsteht. Alexandra: »Wir sind dann irgendwann hingegangen, hab ich gesagt, ›so und heute probieren wa was völlig Durchgeknalltes aus‹.«

Diese »Taktik des Splittings« (Link, 2006, S. 409) ist dadurch gekennzeichnet, dass hier nicht die Einhaltung von Normen im Vordergrund steht, sondern eben gerade das Ignorieren von Normen in einer distanzierenden, spielerischen Weise. Normen außerhalb einer als Ausnahme gekennzeichneten Situation werden dadurch nicht infrage gestellt. Sie werden im Gegenteil durch die spezifische Rahmung bestätigt.

In der Wiederholung dieses Settings in der Form eines Experiments, das zu verschiedenen Zeiten stattfindet (»wir müssen alles dreimal machen«), zeigen sich unterscheidbare Phasen der Integration: Das anfängliche Auftreten von

---

5   Die Abkürzung Stino steht für »stinknormal«. Neben der Möglichkeit, mit diesem ironisierenden Ausdruck Kritik an einer vorherrschenden Normalitätsvorstellung auszudrücken, wird mit diesem Ausdruck gleichzeitig das Eigene von der Norm Abweichende gekennzeichnet.

Scham und Verunsicherung macht das Gefühl normbrüchigen Handelns sichtbar: »man fühlt sich unwohl« und »zieht's n' bisschen ins Lächerliche«. Mit zunehmender Erfahrung erwächst neues Wissen: »man weiß, wie es sich anfühlt«. Dieses mündet schließlich in eine neue Bewertung machterotischen Handelns: Es entsteht eine »ganz besondere Atmosphäre« und »es fängt an Charakter anzunehmen«. Diese ›Evaluation‹ am Ende von Alexandras Schilderung weist auf eine gelingende Herstellung einer Kohärenz von beiden, anfänglich nicht-kompatiblen Sinnwelten hin. Im Sinne der Normalisierungsprozess-Theorie wird hier sichtbar, wie eine zunächst an der Geschlechter- und auch der Partnerschaftsnorm scheiternde Praxis über den Weg der Umdeutung, der gemeinsamen Arbeit durch das Sammeln von Erfahrung und der jeweiligen Evaluation, Machthandeln in ein Selbstbild einerseits und in ein Beziehungshandeln andererseits integrierbar wird. Die Geschlechternormen entlarven sich in diesem Integrationsprozess als fundamentale Hürde bei der Realisierung von machterotischen Wünschen und somit bei der Etablierung einer wirklichen sexuellen Vielfalt. Die Integration dieser Wünsche und Praktiken in Sexualität, Beziehung und in ein Selbstbild bedarf einer aufwendigen Integrationsarbeit.

Eine solche Integrationsarbeit leistet auch Conny (45) als die Aktive in ihrer Partnerschaft. Allerdings nimmt sie für sich in Anspruch, dass »dominantes Auftreten«, »dieses Starke«, wie sie selbst formuliert, »immer schon« Teil ihrer Persönlichkeit gewesen sei. Durch diesen Verweis stellt sie durch die Parallelisierung von Dominanz in ihrer Biografie und der Dominanz im SM relativ direkt eine Kohärenz zwischen einem für sie neuen SM-Handeln und ihrer originären Persönlichkeitsstruktur her. Sie orientiert sich dabei an dem Anspruch eines mit sich selbst identischen Subjektes und an dem einer authentischen Subjektdarstellung. Einen Widerspruch zur Geschlechternorm sieht sie für sich selbst persönlich nicht, sondern konzipiert im Gegenteil ihr dominantes Auftreten als selbstverständliche Möglichkeit dominanten Handelns. Wenn sie allerdings davon spricht, dass sie »Titulierungen« wie »Herrin« oder »Domina« mit der Begründung ablehnt, dass ihr diese Bezeichnungen »zu androgyn« seien, so wird in dieser Konzeption dominantes Auftreten im SM dennoch vergeschlechtlicht. In ihrer alternativen Selbstbezeichnung als »Lady« nimmt Conny für sich in Anspruch, einen spezifischen »Stil« zu bevorzugen, mit dem sie ihrem Handeln eine ›weiblichere‹ Note geben will. Diesen Stil konkretisiert sie so, »dass man auch lachen kann dabei«, »nicht nur ein Programm abspult«, dass sie den Partner »lieb anfassen« kann. Sie erklärt ihren Bestreben, sich »permanent rückzuversichern, ob es ihm gut geht«. Damit nimmt sie für sich in Anspruch, nicht nur eine ›weibliche‹ Form der Dominanz im SM auszuüben, sondern auch eine sozial kompatiblere, respektvollere, den sie der ihrer Ansicht nach weniger ›weiblichen‹ Rolle der »Domina« oder »Herrin« gegenübergestellt. Gleichzeitig wird ein Konflikt in Form eines Legitimationsdrucks sichtbar, der sich auf bestimmte Bilder des SM (das Bild der Domina) und der aktiven SM-Frau bezieht.

Normalisierung findet hier durch die Versicherung statt, fürsorglich und rücksichtsvoll zu sein[6]. Die ›herrische Domina‹ verkörpert einen Gegenhorizont zu Connys »Stil«, und sie schließt damit für sich einen hierarchisierenden Befehlston, den zum Beispiel Alexandra mit der Ausübung von Macht verbindet, aus. Die Normalisierung des SM-Handelns bei Conny verläuft geradezu gegensätzlich zu Alexandras Konzept, indem Machtausübung über die Betonung von Fürsorglichkeit nahtlos an eine Weiblichkeitsnorm angepasst wird.

In recht verblüffender Weise gelingt diese Form der Einpassung auch dem an Unterwerfung interessierten Felix (24). Hier wird Unterwerfungslust durch eine Umdeutung von Submission in eine Männlichkeitsnorm eingebunden. Felix formuliert: »Männer sehn das ja immer n' bisschen sportlich mit den ganzen Geschichten, dass man sich STEIGERN möchte in irgend'ner Form und so weiter.« In seiner Darstellung wird Unterwerfung zu einer Hingabefähigkeit, die an einer Leistungsnorm orientiert ist und dadurch als männliches Handeln typisiert wird. Die passive Rolle wird zudem im Handumdrehen in eine aktive überführt. Unterwerfung in diesem Sinne lässt sich eben steigern – wie Felix selbst nahelegt – und diese Steigerung impliziert etwas, das konträr zu Unterwerfung verläuft. Während Unterwerfung nämlich andeutet, das etwas nach unten strebt, sich klein macht, weniger wird und damit den Statusverlust symbolisiert, kennzeichnet die »Steigerung« das nach oben Gerichtete und größer oder mehr Werdende. An dieser Stelle metaphernanalytisch zu argumentieren, hilft deutlich zu sehen, welche Norm neben einer Geschlechternorm ebenfalls wirksam wird: Felix bringt das Thema Unterwerfung und den damit gewöhnlich verbundenen Statusverlust im Rahmen seiner Selbstrepräsentation[7] als leistungsorientiert zum Verschwinden. Genau damit wird das Thema des Unterwürfigen als Normbruch an sich sichtbar – und nicht nur als eines, das sich auf Geschlechternormen bezieht. Ei-

---

6   Eine solche Betonung der Rücksichtnahme und Einfühlsamkeit nehmen auch die aktiven Männer vor, jedoch ohne diese Handlungen in einen geschlechtlichen Zusammenhang zu setzen.
7   Die Präsentation des Selbst im argumentativen Modus besagt an dieser Stelle nichts darüber, wie sich Felix in der SM-Begegnung selbst fühlt. Vor dem Hintergrund anderer Interviewpassagen wird zweifellos der Wunsch nach Gefühlen der Unterwerfung – also des Statusverlustes – sichtbar, die aber offensichtlich legitimiert werden müssen.

nem aus welchen Gründen auch immer auf den eigenen Willen ›verzichtenden‹, eben nicht autonomen, Subjekt steht das Ideal des autonomen Subjekts gegenüber, als das sich Felix erfolgreich darstellt.

Im Kontrast dazu stehen die Deutungsweisen Connys und Alexandras. In diesen wird Dominanz als eine Kompetenz konstruiert, die zwar über die Betonung des Fürsorgeaspekts als passend zur Geschlechterrolle dargestellt, nicht aber – wie das beim Thema Devotion der Fall ist – zum Verschwinden gebracht wird. Dominanz ist in diesen Konstruktionen eine mit Sorgfaltspflichten versehene, aber im Prinzip anerkennenswerte Fähigkeit. Die Passiven und die Aktiven[8] sehen sich also in konträrer Weise aufgefordert, ihre Wünsche und Handlungen zu erklären oder zu rechtfertigen. Machtausübung und Ohnmachtserleben im SM-Kontext sind durch zwei zentrale normative Vorgaben strukturiert: durch die symbolische Ordnung der Zweigeschlechtlichkeit und durch das moderne, autonome, neoliberale Subjekt.

Die Beispiele sind Beleg für das Maß der Durchdringung des Umgangs mit SM sowohl von normativen Vorgaben als auch von Normalitätsvorstellungen. Die Wirkmächtigkeit der Geschlechternorm im Sinne ihrer Regulierungsfunktion (vgl. Butler, 2009) findet sich paradigmatisch in den Bemühungen der Befragten, ihre Handlungen als passend zur Norm zu deuten. Erst über die an die Geschlechternorm angepasste Bedeutungszuschreibung wird, den Erzählungen zufolge, eine bewusst als machterotisch definierte SM-Handlung legitimierbar. Die Befragten entwerfen sich als intelligible Subjekte im Rahmen der Geschlechternorm. In diesen Bemühungen drückt sich das aus, was Jürgen Link (2006) als Denormalisierungsangst bezeichnet hat. In der Normalisierungsgesellschaft, so Link, sind normative Verbindlichkeiten auf dem Rückzug und schaffen somit Unsicherheiten, denen mit einer permanenten Rückversicherung über die eigene ›Normalität‹ begegnet werde. Darüber hinaus macht diese Unsicherheit auf den Konstruktionscharakter aufmerksam, den »Gender« mit sich bringt. In Felix' Positionierung beispielsweise steckt die implizite Frage, ob ein Mann noch ein Mann ist, wenn er sich – im sexuellen Kontext – als ›devot‹ versteht und nicht auf den aktiven Charakter seiner Handlungen verweist. Mit den Positionierungen der Befragten wird also nicht nur die Regulierungsfunktion, sondern auch der Konstruktionscharakter der Geschlechternorm selbst sichtbar. Zumindest

---

8   Die Legitimationsstrategien und jeweiligen Perspektiven der SM-Praktizierenden werden strukturiert durch die jeweiligen ›Rollen‹ passiv oder aktiv, die favorisierten Praktiken (z.B. machterotische oder gewalterotische Praktiken) aber auch durch die Kategorie Geschlecht (vgl. Wagner, 2014).

Weiblichkeitsnormen erscheinen in den Konstruktionen als (wenngleich nicht willkürlich) erweiterbar: Man kann >in weiblicher Weise< Macht ausüben. Felix' Umdeutungsarbeit dagegen weist auf eine Männlichkeitsnorm hin, die kaum hintergangen werden kann. Er wandelt die Darstellung seiner Lust an der Unterwerfung in eine sportliche Leistung um.

2. »Ich will schon auch gegen meinen Willen« – Jenseits von Normierung und Normalisierung

> Die Kontrolle gelingt indes nicht ganz.
>
> *Niklaus Largier (2001)*

In den Interviews finden sich Spuren, die das Scheitern der ausgiebigen Bemühungen SM-Praktiken zu normalisieren, legitimieren und handhabbar zu machen, verdeutlichen. Immer wieder werden in Bezug auf SM Aspekte von Gewalt, Macht, Ohnmacht oder Schmerz mithilfe unterschiedlicher Legitimationsstrategien unkenntlich gemacht oder negiert. Dies geschieht häufig mit dem durchaus plausiblen Argument, dass es sich dann nicht mehr um SM, sondern um strafrechtlich relevante Handlungen handeln würde. Allerdings heißt dies nicht, dass diese Aspekte nicht erleb- und erfahrbar wären und – am Ende – nicht beziehungserhaltend bzw. sozial kompatibel sein könnten. Vereindeutigenden, abgrenzenden Strategien der Legitimierung stehen solche der Veruneindeutigung oder auch der Dethematisierung gegenüber, die auf den Versuch hindeuten, Mehrdeutigkeiten und Widersprüchliches zu erhalten.

Für diesen anderen Umgang mit dem Thema >Gewalt< steht zum Beispiel Sandys Formulierung »ich will schon auch gegen meinen Willen«. Der Wille bzw. das Begehren, dass etwas gegen den eigenen Willen geschehen soll, setzt den Willen dazu zwar voraus. Somit kann der Wunsch nach Überwindung des eigenen Willens Ergebnis einer Verhandlung sein. Andererseits ist das Gewaltförmige etwas, das aus der gewaltfreien Partnerschaft >an und für sich< ausgeklammert ist. Sandys auf den Punkt gebrachte Formulierung enthält somit das Potenzial, etwas im Unklaren, Uneindeutigen zu belassen und sich damit einer Diskursivierung und einer öffentlichen Bewertung zu entziehen. Diese Formulierung lässt sich eben nicht ganz so einfach auflösen oder vereindeutigen in die Annahme, dass das Nichtgewollte schließlich ganz im Sinne der Verhandlungsmoral gewollt sei. Denn das Negieren des eigenen Willens, das der Logik und Rationalität der Verhandlungs- und Selbstbestimmungsmoral zufolge gar nicht möglich ist, ist dennoch ein Fakt und wird auch in der Ambivalenz und Ambiguität von Erzählungen und Formulierungen anderer SM-Praktizierender sichtbar.

Wie ein solches ›Wollen gegen den eigenen Willen‹ respektive das Gewaltförmige in einer konkreten Situation aussehen kann und nicht einfach mit einem obligatorischen Disclaimer »SM hat nichts mit Gewalt zu tun«[9] eliminiert wird, schildert Charlotte (45). Sie erzählt von einer Begebenheit, bei der ihr Partner sie »mit vollem körperlichem Einsatz« daran gehindert habe, die Wohnung zu verlassen, um einen am Abend stattfindenden SM-Stammtisch zu besuchen. Charlotte berichtet, wirklich alles unternommen zu haben, um sich in dieser Situation durchzusetzen, jedoch an der körperlichen Überlegenheit ihres Partners gescheitert zu sein. Die Erfahrung ihrer realen Unterlegenheit in dieser Situation löst Gefühle aus, die über Grenzen des Akzeptablen hinausgehen. Sie schildert, sich in dieser Situation »so was von gedemütigt gefühlt« zu haben, »heulend im Bett gelegen« und diese Situation »überhaupt nich irgendwie erregend« empfunden zu haben. Es handelte sich hier also aus ihrer Sicht nicht um ein als SM definiertes, explizit ausgehandeltes Ereignis. Mit zunehmender Beruhigung jedoch habe sie diese Situation erotisiert und als »megageil« empfunden. Dieses Empfinden bezieht sie auf die kategorische Einschränkung ihrer Freiheit. Denn sie formuliert, dass sich die Erregung eben genau durch das »Eingefangenworden-Sein« entwickelt habe, während ihr eigener Wille keine Chance auf Realisierung hatte. Charlotte goutiert dies ihrem Partner gegenüber mit tagelang anhaltender »Anschmiegsamkeit«.

Die Szene lässt sich als eine ›Zähmung des Widerspenstigen‹, Wilden durch Gewaltanwendung fassen. Der hier stattfindende Übergriff zeigt sich dabei nicht in einem ›spielerischen‹ Rahmen, wird aber in das Beziehungshandeln integriert und ist in diesem Beispiel überdies beziehungsverstärkend und -konstituierend.

Dass der/die Partner_in gegen den eigenen Willen agiert, ist mit der auch aus Charlottes Sicht geltenden Selbstbestimmungsmoral und dem partnerschaftlichen Verhandlungsprinzip eigentlich nicht vereinbar und muss deshalb als Paradox erscheinen. Weder in Sandys Formulierung noch in Charlottes Erlebnisschilderung lässt sich eine spielerisch gerahmte Inszenierung in dem Sinne erkennen, dass nur so getan werde, als wolle man etwas nicht. Der ›freie Wille‹ ist

---

9   Die interviewten SM-Praktizierenden grenzen sich in der Regel vehement von einem antizipierten Verdacht ab, dass SM etwas mit Gewalt zu tun habe. Einige wenige versuchen über einen weitreichenderen Gewaltbegriff, eine kontextbezogene positive Seite von Gewalt aufzuzeigen, die zu SM gehören könne.

temporär außer Kraft gesetzt, das autonome selbstbestimmte Subjekt, als das sich die SM-Praktizierenden gewöhnlich präsentieren (müssen), existiert zeitweise nicht. Gerade Charlottes Legitimation des Ereignisses durch die Erotisierung und Beziehungsbejahung im Nachhinein bestätigt, dass genau das Nicht-Gewollte einen Platz im SM haben kann – nicht muss. Es geht hier nicht darum, dass der Übergriff letztendlich als gewollter Übergriff interpretiert wird, sondern um seine Deutung als retrospektiv akzeptierte Fremdbestimmung.

Eine weitere sich der Normalisierung teilweise widersetzende Strategie ist die der Dethematisierung. »Teilweise« deshalb, weil die Dethematisierung des Normbrüchigen zunächst im Sinne eines Informationsmanagements fungiert, etwas als legitim, normenkonform erscheinen zu lassen. Die Kontrolle über das, was zum Ausdruck gebracht wird, setzen Menschen generell in ihrer Alltagspraxis ein, um als ›normal‹ zu gelten (Goffman, 1980).

Wie in einer Bildanalyse nach dem Nichtsichtbaren gefragt werden kann, so lässt sich auch in Interviewsequenzen sinnvoll fragen, was genau nicht gesagt wird oder werden kann. In der Schilderung Alexandras beispielsweise wird das Nicht-Gesagte als das Dethematisierte offenkundig. In der evaluierenden normalisierenden Bewertung ihres Handelns als Aktive zieht sie folgenden Vergleich: Ihr dominantes machtausübendes Auftreten dem Partner gegenüber sei schließlich »das Gleiche, als wenn sich die Stino-Frau abends in ihre Reizwäsche zieht, um den Typ anzuschärfen«. Die Vergleichbarkeit der Praktiken liegt in ihrer Zielsetzung, sexuelle Erregung zu erzeugen. Das Mittel dafür ist ohne Belang, solange es im Rahmen eines sexuellen Vorspiels der Erregung dient. Einerseits wird somit die Norm dessen, was als sexuelles Handeln gelten kann, erweitert. Zu den klassischen Praktiken der Lusterzeugung gesellen sich eben auch machterotische Praktiken. Andererseits wird die Unterschiedlichkeit der Praktiken durch die Betonung auf das gemeinsame Ziel der Lusterzeugung ausgeblendet und das Moment der Lusterzeugung durch die Herstellung eines Machtgefälles aus dem Fokus der Betrachtung genommen. Damit zeigt sich eine Strategie, in der die machterotische Praxis dem Zugriff der Normalisierung und der Diskursivierung entzogen wird.

Diese ambivalenten Umgangsweisen mit SM in Form der Veruneindeutigung oder der Dethematisierung lassen sich also auch als Ausdruck des Widerständigen gegen das Einschränkende, normativ Ausschließende verstehen. Zwar formulieren die Befragten nicht unbedingt eine offensiv kritische Distanz zur Norm. Sie verweigern sich jedoch einer Vereindeutigung und somit dem diskursiven Zugriff, ein Aspekt, der mit Foucault als Entunterwerfung (vgl. Foucault, 1992) zu verstehen ist.

3. »Ich lebe durch meinen Konterpart« – Anerkennungsbeziehungen im SM

> Dein Gehorsam ist Labsal für meine Seele und mein Gemüt. Er ist der Sprit und das Öl meines Motors. Er ist die Quelle meines Seins.
>
> *Garwall*

Wie aber, so ließe sich im Anschluss an das bisher Diskutierte fragen, sind Praktiken legitimierbar, die nicht unter Beachtung verhandlungsmoralischer Kriterien vereinbart wurden? Wie können tatsächliche Unterwerfung, situative Übergriffe und Fremdbestimmung Beziehungen bestätigen und konstituieren? In der SM-Begegnung zeigen sich die Beteiligten als zum Teil in hohem Maße aufeinander angewiesen. Dabei geht es nicht nur um die Legitimationsstrategie der Absicherung durch die Partner_innen. So betonen insbesondere die Aktiven, dass sie sich an den Reaktionen ihrer passiven Partner_innen orientieren, um zu erkennen, ob sich ihre Handlungen im Rahmen des Akzeptablen und Lustvollen bewegen.

Frank (44) legt im Interview dar, was für ihn eine gelungene SM-Begegnung ausmacht, sodass er sein Handeln als legitimiert einordnen kann. Er berichtet über die Reaktion seines Partners nach einer SM-Begegnung: »[U]nd der ist rumgelaufen mit einem total verblitzten Gesicht und total verstrahlt und super und glücklich und, ja, ich happy, er happy, ja. Und dann finde ich das wieder OK, weil das war GEWOLLT.« Das Zitat macht zwar die Legitimationsfrage entlang der verhandlungsmoralischen Frage des Gewolltseins als Maßstab augenfällig. Frank zieht jedoch die folgende Schlussfolgerung: »Ich lebe durch meinen Konterpart.« Diese Bewertung der SM-Begegnung verweist auf das hohe Maß der Abhängigkeit des Aktiven vom Passiven. Wie Frank berichten einige der Interviewten, von den Reaktionen des Partners/der Partnerin nicht nur hinsichtlich ihrer Handlungsfähigkeit, sondern auch in ihrem ›Sein‹ selbst unmittelbar abhängig zu sein. Die hier formulierte Abhängigkeit lässt die Begegnung in einem ganz produktiven Sinne als Anerkennungsbeziehung sichtbar werden, die Judith Butler an vielen Stellen als subjektkonstituierend herausgearbeitet hat (vgl. z. B. Butler, 2001).

Die angesprochene Bindung ist in dieser Formulierung also nicht einfach nur Triebfeder der Selbstproduktion als ›normale_r SMler_in‹, wie in den eingangs beschriebenen Normalisierungsstrategien sichtbar wurde. Hier wird nicht einfach Normalität, sondern im Gegenteil werden hier Aspekte des Nicht-Akzeptablen bestätigt. Auch wenn dieses im Grunde Nicht-Akzeptable in eine doch beziehungserhaltende Form umgesetzt wird, so beinhaltet die Lust an der Qual eben auch die Anerkennung nicht nur von Lust, sondern auch von Qual. Das Glücksgefühl, das die Passiven zum Ausdruck bringen, bezieht sich eben auch auf das eigentlich nicht Bestätigbare, auf genau das, was den Legitimationsdruck erzeugt, nämlich auf den Wunsch nach Überwältigung, Hierarchisierung und mitunter Grenzüberschreitungen etc. Es geht um die Interaktion, um Intersubjektivität und eine Weise der Anerkennung, die das anerkennt, was unter Nicht-SM-Praktizierenden gerade nicht anerkennbar ist, sondern nur durch den entsprechend geneigten ›Konterpart‹. Es geht um das Erfahren seiner selbst im anderen und um ein ›Sein durch den Anderen‹, was bei Weitem nicht mit dem Begriff der Normalisierung fassbar ist. Denn derjenige, der feststellt durch den Konterpart zu leben, agiert nicht als das selbstreflexive autonome Subjekt, das sich selbstreflexiv normalisiert. Es scheint hier deutlicher das auf, was Butler wie folgt formuliert hat:

»Schon in unserer Fähigkeit weiterzuleben sind wir abhängig von dem, was außerhalb von uns ist, von einer umfassenderen Sozialität, und diese Abhängigkeit ist die Basis unseres Durchhaltens und unserer Überlebensfähigkeit« (Butler, 2009, S. 57).

Das beziehungsorientierte SM-Konzept wird noch einmal klar, wenn das – hier nur kurz auszuführende – SM-Konzept des Erfolgsromans *Shades of Grey* als Gegenentwurf herangezogen wird. SM wird im Roman zwar als eine in hohem Maße Lust spendende sexuelle Spielart inszeniert und als solche akzeptiert, jedoch hintertreiben die Protagonist_innen SM als Möglichkeit der Beziehungsgestaltung. Die Interviewten in meiner Untersuchung dagegen zeigen, dass gerade dieser Aspekt der Beziehungsgestaltung überwiegt.

Die Pathologisierung des SM, die dem Roman latent und explizit innewohnt, wurde oben bereits angesprochen. Entscheidend ist hier jedoch die Anerkennung verweigernde Haltung der Hauptprotagonistin (Anastasia) gegenüber ihrem Partner (Christian) bezüglich seiner Leidenschaft für SM. Christian wiederum bestätigt im Roman stets Anastasias Einschätzung, dass er defizitär sei, und konstruiert SM als Folge und Kompensation seines »ziemlich schlimmen Start(s) ins Leben« (James, S. 306). Die Bedeutung von Anerkennung bleibt in dieser Konstruktion evident, hier aber in seinem Negativ. Aus der verweigerten Anerkennung des ›ungeliebten SM‹ kann nur die Trennung erfolgen oder die Anpassung an die jeweiligen (sexuellen) Bedürfnisse des Partners.

Ob im SM etwas als legitim gelten kann, ist also nicht allein von der Frage abhängig, ob es gelingt, das SM-Handeln und das Selbstverhältnis in ein angemessenes Verhältnis zur Norm zu setzen. Legitimation lässt sich also nicht allein normalisierungstheoretisch erklären. Dass diese Frage des Versuchs ständiger Annäherung an die Norm eine erhebliche Bedeutung bei der Realisierung von SM-Praktiken hat bzw. sich als wirksam im Umgang mit dem Thema SM darstellt, wurde in den rekonstruierten Legitimations- und Normalisierungsstrategien bereits ausgeführt. Im Modus der Anerkennung innerhalb der SM-Begegnung geht es hier vielmehr um die Frage einer Bestätigung (respektive Zurückweisung) des Seins, die über die Intelligibilität entscheidet; also nicht einfach Alltagsakzeptanz ist. Die gegenseitige Anerkennung bezieht sich schließlich auch auf das Normbrüchige und intensiviert damit die gegenseitige Abhängigkeit. Diese geht dann auch weit über das hinaus, was dem SM diskursiv zugeschrieben wird, nämlich eher Inszenierung oder Nachahmung zu sein.

Mit Goffman (1993) lässt sich für den SM-Rahmen also konstatieren, dass wir es im SM nicht allein mit einem »modellierten Rahmen« zu tun haben, in dem Themen von Gewalt/Macht etc. quasi transformiert oder nachgeahmt werden. Ein zentraler Teil des SM ist vielmehr die Anerkennungsbeziehung, die dem primären Rahmen zugeordnet werden kann. Das erklärt vielleicht, warum SM-Praktizierende den häufig verwendeten Begriff des »Spiels« für eine SM-Begegnung paradox verwenden, ihn also sowohl legitimationsstrategisch einsetzen, als auch zurückweisen oder modifizieren, um die Ernsthaftigkeit des Begehrens und der SM-Beziehung zu betonen.

Fazit

Die eingangs vorgestellte gesellschaftliche Kontroverse über die Verfügbarkeit sexueller Praktiken am Beispiel des SM lässt sich nicht mit der einfachen Formel einer Abnahme oder Zunahme von Freiheit oder Sexualmoral beantworten. Was sich in der empirischen Analyse zeigen lässt, sind vielmehr Regulierungsformen von Sexualität. Das Freiheitsversprechen und der zusätzliche Handlungsspielraum stellen dabei immer nur eine Seite dieser Regulierung dar. In der empirischen Untersuchung von Aussagen derjenigen, die sich am Rande der Norm wähnen, lassen sich Formen der Auseinandersetzung nachweisen, die diejenigen Positionen stützen, die den konstituierenden, normierenden Einfluss von Gesellschaft auf Sexualität bzw. sexuelle Identität immer wieder betonen. Die Strategien der Selbstnormalisierung lassen sich im Sinne Foucaults auch als »Technologien des Selbst« verstehen. Subjekte sehen sich in dieser Theorie in der Normalisierungsgesellschaft zur Selbstüberwachung und Selbstüberprüfung aufgefordert.

Die als notwendig erachteten, permanenten selbstreflexiven Auseinandersetzungen mit den gesellschaftlichen Normen machen die Arbeit an den Grenzen zum Nicht-Akzeptablen offenkundig. Vor allem schaffen sie ein Bewusstsein von der Randständigkeit des SM-Handelns. In diesen Auseinandersetzungen an der Schnittstelle von Normalität und Anormalität bringen sich SM-Praktizierende als grenzbewusste Subjekte hervor. Dabei beziehen sie sich permanent auf ein kollektiv verfügbares Wissen, das über ein Praxiswissen hinaus auch aus einem Wissen über Normen besteht. Darüber hinaus setzen sich die SM-Praktizierenden in ein Verhältnis zu einer Norm und verorten sich innerhalb eines angenommenen Spektrums zwischen Normalität und Anormalität. Das Bestreben, sich angenommenen Normalitätsvorstellungen anzunähern, ist unverkennbar. Es wird sichtbar, dass die Selbstüberprüfung und Selbstnormalisierung einen wesentlichen Anteil an den Mechanismen der Regulierung von Sexualität hat. Dieser Befund steht in einem gewissen Gegensatz zur Prämisse des konstatierten verhandlungsmoralischen Rahmens, der laut Definition eigentlich automatisch das legitimiert, was die gleichberechtigten autonomen Vertragspartner_innen vereinbaren. Ein nicht zu unterschätzender Faktor in den Verhandlungen und vor allem auch in den Auseinandersetzungen mit sich selbst ist das Wissen über Macht, Geschlecht, Partnerschaften, Gewalt und Sexualität, das in normalisierender und normierender Weise wirksam wird. Dabei legt der verhandlungsmoralische Rahmen selbst diese Orientierungen nahe, er ist also nicht nur Vehikel für den individuellen Freiheitsgewinn, sondern er unterstreicht gleichzeitig auch die Randständigkeit des SM. Warum? Der verhandlungsmoralische Rahmen, der zwar – aus Sicht eines Selbstbestimmungsideals – als ein zu würdigendes Ergebnis emanzipativer gesellschaftlicher Kämpfe gelten kann, impliziert, so stellt Schmidt (vgl. 1996) bereits in seiner Diagnose zum »Verschwinden der Sexualmoral« fest, noch etwas anderes: die Abspaltung aggressiver Bestandteile von Sexualität (vgl. auch Sigusch, 2005). Auf der einen Seite sind Verhandlungsmoral und Selbstbestimmungsdiskurs zentrale Faktoren, um Sadomasochismus aus der Schusslinie permanenter Anfechtung zu nehmen. Latent wirkt sich die explizite und implizite Gewalt-, Herrschafts- und Machtkritik des Verhandlungsprinzips eben auch delegitimierend auf den Sadomasochismus aus und bringt ihn ins Visier potenzieller und teilweise neuartiger Kritik, die die SM-Praktizierenden in ihren Auseinandersetzungen stets antizipieren.

Gleichwohl lässt sich SM-Handeln nicht durchgehend normalisieren. Auf Spuren des Nicht-Normalisierbaren verweisen zum Beispiel paradoxe Beschreibungen oder das Ausbleiben des Versuchs, diese aufzulösen. Wenn eine Interviewpartnerin formuliert »ich will schon auch gegen meinen Willen«, so geht diese Formulierung zwar in gewisser Weise in einer Verhandlungslogik auf, die legitimiert, was zwischen mündigen Erwachsenen vereinbart wird. Aber in der konkreten SM-Interaktion wird, was eigentlich nicht möglich erscheint, freiwillig auf den freien Willen verzichtet. Das Moment von Überwältigung wird hier gerade nicht als Inszenierung verstanden. Solche Formen der Veruneindeutigung finden sich im Interviewmaterial in verschiedenen Formen neben dem Bemühen, SM als Teil der Norm darzustellen. Es sind vielleicht die Aspekte, die mit Bezug auf Foucault auf eine Entunterwerfung verweisen, in denen die Befragten zwar nicht unbedingt eine offensiv kritische Distanz zur Norm formulieren, sich aber einer Vereindeutigung verweigern, oppositionell auf einer bestimmten Identität beharren oder aber Tabuisiertes dethematisieren.

Damit geht SM nicht einfach in Normalität auf, sondern ist als ein dauerhaft legitimationsbedürftiges Feld gekennzeichnet. Diese Legitimationsbedürftigkeit und die Mechanismen der Selbstnormalisierung korrespondieren dabei erstens mit der Zunahme der Skandalisierung und Pathologisierung von Gewalt und Aggression. Zweitens stehen die Anforderungen an eine verstärkt neoliberal gedachte[10] Eigenverantwortung zunehmend deutlicher in Opposition zu machterotischen SM-Praktiken. Aus dem Blickwinkel der beobachteten Bemühungen um eine weitgehende Normalitätsdarstellung des SM kann von einem Ende der Perversion oder von einem »Anything Goes« also keine Rede sein. Denn es zeigt sich, dass erhebliche Anstrengungen unternommen werden müssen, um SM in Sexualität, Beziehungspraxis und in eine Identität integrieren zu können. Eher lässt sich sagen, dass das öffentliche Sprechen über SM hier als Anreiz fungiert, sich dazu ins Verhältnis zu setzen. Und sei es, indem SM-Praktizierende versuchen, die dem SM gewidmete Aufmerksamkeit zu reduzieren. Es scheint, als leiste die öffentliche Aufmerksamkeit für SM mit seinem widersprüchlichen Changieren zwischen Verwerfung und Akzeptanz ihren ganz eigenen Beitrag bei der Regulierung von SM-Sexualität.

Ein Roman wie *Shades of Grey* führt diese Widersprüchlichkeit in geradezu mustergültiger Weise vor, indem SM als Kategorie für ein abenteuerliches, tabubrechendes und ekstatisches Sexualleben gilt und auf dieser Ebene hohe

---

10 Die neoliberal gewendete ‚Eigenverantwortung‘ schließt meines Erachtens die Form des Unterwerfungshandelns (im SM-Kontext) aus, in der eine weitgehende Abgabe von Verantwortung anvisiert ist oder sie einfach passiert, aus. Es entsteht zum Beispiel der Eindruck, dass die von den Aktiven immer wieder betonte Zuständigkeit für Verantwortung zunehmend auf die Passiven übertragen wird (vgl. Wagner, 2014, S. 100f.; zur Analyse des Einflusses neoliberaler Techniken auf Sexualität vgl. auch Engel, 2008).

Aufmerksamkeit und Interesse erzeugt. Am Ende jedoch werden die gewohnten Schemata zitiert und SM steht für Bindungsunfähigkeit und einen pathologischen Hintergrund. Wenn innerhalb dieser widersprüchlichen Anrufungen und Verortungen SM-Praktizierende bemüht sind, ihre Anschlussfähigkeit an die Norm zu formulieren, so beruhigt das, und zwar sie selbst und die Gesellschaft. Es stellt aber auch ein Hindernis für den Versuch dar, sich einmal die spezifische Lust an Macht und Unterwerfung, an Schmerz, Qual, an Gewalthandlungen anzusehen und deren Attraktivität zu verstehen.

Literatur

Butler, J. (2001). *Psyche der Macht: Das Subjekt der Unterwerfung*. Frankfurt/M.: Suhrkamp.
Butler, J. (2009). *Die Macht der Geschlechternormen*. Frankfurt/M.: Suhrkamp.
Engel, A. (2008). Gefeierte Vielfalt. Umstrittene Heterogenität. Befriedete Provokation. In R. Bartel et al. (Hrsg.), *Heteronormativität und Homosexualitäten* (S. 43–64). Innsbruck: Studien Verlag.
Foucault, M. (1992). *Was ist Kritik?* Berlin: Merve.
Goffman, E. (1980). *Stigma. Über Techniken der Bewältigung beschädigter Identität*. Frankfurt/M: Suhrkamp.
Goffman, E. (1993). *Rahmen-Analyse: ein Versuch über die Organisation von Alltagserfahrungen*. Frankfurt/M.: Suhrkamp.
Hark, S. (1999). Deviante Subjekte. Normalisierung und Subjektivierung. In W. Sohn & H. Mertens (Hrsg.), *Normalität und Abweichung. Studien zur Theorie und Geschichte der Normalisierungsgesellschaft* (S. 65–84). Opladen: Westdeutscher Verlag.
James, E. L. (2012). *Shades of Grey. Geheimes Verlangen*. München: Goldmann Verlag.
Koppetsch, C. & Lewandowski, S. (2015). *Sexuelle Vielfalt*. Bielefeld: transcript.
Link, J. (2006). *Versuch über den Normalismus. Wie Normalität produziert wird*. Göttingen: Vandenhoeck & Rupprecht.
May, C. & Finch, T. (2009). Implementing, embedding, and integrating practices: An outline of normalization process theory. *Sociology, 43*(3), 535–554. http://soc.sagepub.com/content/43/3/535 (04.07.2011).
Meili, B. (2008). Experten der Grenzziehung. Eine empirische Annäherung an Legitimationsstrategien von Schönheitschirurgen zwischen Medizin und Lifestyle. In P.I. Villa (Hrsg.), *Schön normal: Manipulationen am Körper als Technologien des Selbst* (S. 119–142). Bielefeld: transcript.
Plummer, K. (1995). *Telling Sexual Stories. Power, Change and Social Worlds*. London, New York: Routledge.
Schmidt, G. (1996): *Über das Verschwinden der Sexualmoral*. Hamburg: Klein.
Sigusch, V. (2005). *Neosexualitäten. Über den kulturellen Wandel von Liebe und Perversion*. Frankfurt/M.: Campus.
Wagner, E. (2014). *Grenzbewusster Sadomasochismus. SM-Sexualität zwischen Normbruch und Normbestätigung*. Bielefeld: transcript.
Woltersdorff, V. (2004). Zwischen Unterwerfung und Befreiung. Konstruktionen schwuler Iden-

tität im Coming Out. In U. Helduser, D. Marx & K. Pühl (Hrsg.), *under construction. Konstruktivistische Perspektiven in feministischer Theorie und Forschungspraxis* (S. 138–149). Frankfurt/M.: Campus.

Consensual non-consent

Ein Vergleich zwischen E. L. James' *Shades of Grey – Geheimes Verlangen* und Pauline Réages *Geschichte der O*

Angelika Tsaros

Wir handeln entsprechend unseres Verlangens – oder versuchen es zumindest. Das menschliche Zusammenleben wird von einer Vielfalt von Regeln und Erwartungen geprägt, und gerade in der Sexualität diktieren Erwartungen die Abfolge von Ereignissen noch viel stärker als in anderen Bereichen unseres Lebens. Die Fähigkeit selbstbestimmt zu handeln, um unsere Ziele zu erreichen, unsere sexuellen Bedürfnisse zu definieren und zu entscheiden, an welchen Handlungen wir uns beteiligen möchten oder nicht, sowie die Möglichkeit, nein sagen zu können, sind notwendig für eine erfüllte Sexualität. In der BDSM-Subkultur werden Zustimmung (consent) und sexuelle Handlungsfähigkeit (agency) als integrale Bestandteile der gemeinsamen Interaktion angesehen. Jeder erotischen Begegnung geht hier notwendigerweise eine Verhandlung voraus, in der Grenzen, Safewords sowie bevorzugte Praktiken und Einschränkungen besprochen werden. Während diese Vorgehensweise innerhalb der Subkultur bereits alltäglich ist, läuft Mainstream-[1] oder »Vanilla«-Sexualität nach einem riskanten Ausschlussprinzip ab, welches voraussetzt, dass, solange keine der beteiligten Personen ihre bzw. seine Zustimmung entzieht, davon ausgegangen werden kann, dass alle Handlungen einvernehmlich und gewollt seien.

In diesem Beitrag vergleiche ich die *Shades-of-Grey*-Trilogie mit einem »klassischen« Werk der erotischen Literatur, der *Geschichte der O*. Dieser Roman, erschienen 1954, folgt der Protagonistin O in ein Schloss nahe Paris, wo sie in ein Leben der sexuellen Unterwerfung eingeführt wird. Während sie anfangs noch mit ihrer neuen Rolle ringt, gibt sie sich ihr schlussendlich vollends hin und übertrifft die Erwartungen ihres Liebhabers René in Bezug auf die Tiefe ihrer

---

[1] Mit »Mainstream« meine ich all jene, die sich nicht mit der BDSM-Gemeinschaft identifizieren.

Hingabe. In der Folge übergibt er sie an seinen Bruder, Sir Stephen, der damit fortfährt ihre Widerstände aufzuspalten und so lange Os Zugänge zu Handlungsmöglichkeiten beschränkt, bis sie das wird, was ihr Name bedeutet: verloren in (ihrem) Nichts, weniger als menschlich, ihrer Subjektivität entkleidet. Wie Réage bzw. Anne Desclos – die Frau hinter dem Pseudonym – in einem Interview mit Regine Deforges erklärt, war die *Geschichte der O* ursprünglich als Brief an einen Mann, als Verführung gedacht und nicht zur Publikation bestimmt (Deforges & Réage, 1979, S. 79). Somit scheint es, als ob die Geschichte bereits mit männlicher Leserschaft im Hinterkopf geschrieben wurde, was man wohl auch durch die Wahl des Materials vermuten könnte. Ich bestreite aber selbstverständlich nicht, dass heute Menschen jeglichen Geschlechts das Buch lesen. E. L. James' *Shades-of-Grey*-Trilogie folgt auf ähnliche Weise einem Muster, das traditionell Frauen ansprechen soll: Sie wird dem Typus der Romanze zugordnet und oft abwertend als »mommy porn« bezeichnet, wenn es auch Hinweise gibt, dass eine Vielzahl der LeserInnen junge städtische Frauen sind (Roiphe, 2012).

In den vergangenen Jahrzehnten wurde sich in Mainstreammedien oftmals mit alternativen Sexualitäten auseinandergesetzt und über sie berichtet. Die Kultur, in der wir leben, wird immer »schärfer« (Attwood, 2006) und bewertet inzwischen die Darstellung vormals verleugneter sexueller Minderheiten in ihrer Mitte positiv, sei es in populärer Musik (von Madonnas SM-Ästhetik der 1990er Jahre bis hin zu den aktuelleren Beiträgen von Christina Aguilera, 30 Seconds To Mars und, wenn auch kontrovers, Rihanna), Literatur (Anne Rices *Sleeping Beauty* Trilogie [2012 a, b, c], Walter Mosleys *Killing Johnny Fry* (2007) und Nikki Frenchs *Killing me Softly* (1999), um nur einige zu nennen), Mode, Werbung und so weiter (Weinberg & Magill, 1995; Weiss, 2006). Aber wie Attwood anmerkt macht der zusehends offenere sexuelle Diskurs die dargestellten Praktiken auch anfälliger für regulative Eingriffe. Diese Tendenz zur Regulierung ist in *Shades of Grey* beinahe greifbar. Sicher im heterosexuellen Rahmen verankert führen die Bücher ein breiteres Publikum, das mutmaßlich vorher noch keinen Kontakt damit hatte, vorsichtig an Sadomasochismus heran, penibel darauf bedacht damit keine heteronormativen Werte infrage zu stellen.

Shades of Grey – Geheimes Verlangen, der erste der drei Romane, stellt der Leserschaft die Protagonisten vor: Anastasia Steele, die Erzählerin, eine jungfräuliche Collegeabsolventin, die den Selfmade-Milliardär Christian Grey trifft und in seine Welt des ›fragwürdigen‹ und ›verkommenen‹ Begehrens eingeführt wird (James, 2011, S. 149, 164).[2] Er verführt sie umgehend dazu, mit ihm

---

2   Alle Übersetzungen sind von mir, A.T.

zu schlafen und konfrontiert sie sogleich mit dem Vorschlag seine Sub[3] zu werden und einen umfassenden ›Sklavenvertrag‹ zu unterschreiben, dessen Details im weiteren Verlauf des Buches verhandelt werden. Es ist wichtig hier anzumerken, dass Anastasia den Vertag nicht unterschreibt oder sich jemals selbst als Sub identifiziert. Im Gegenteil: Sie formuliert wiederholt Gründe, wieso sie nicht dazu geeignet ist, widersetzt sich fortlaufend der Formalisierung, indem sie den Vertrag nicht unterschreibt, und drückt dabei auch ihre moralische Entrüstung aus: »Any sane person wouldn't want to be involved in this sort of thing, surely« (James, 2011, S. 108). Letztendlich erklärt Christian sich zu einer erheblich konventionelleren Beziehung mit ihr bereit, die in Heirat und Kindern gipfelt. Am Ende des dritten Bandes ist Anastasia mit ihrem zweiten ehelichen Kind schwanger.

1984 begann Gayle Rubin über Hierarchien von Sexualitäten zu schreiben und kategorisierte verschiedene Arten von Sex danach, in welchem Grad sie innerhalb der Mehrheitsgesellschaft akzeptiert werden. Ihr »Charmed Circle vs. Outer Limits«-Diagramm zeigt uns Sadomasochismus nur am Rand und weit entfernt von den geborgenen inneren Kategorien wie »normal«, »um Kinder zu bekommen« oder »zu Hause«. Sadomasochismus, so schreibt sie, ist, zusammen mit Sexarbeit und Fetischismus, unter den »am meisten verachteten« Praktiken (Rubin, 2011 [1984], S. 149). Daher wird er nicht als etwas erachtet, was eine Gesellschaft akzeptieren kann, und wird folglich ausgestoßen oder verhöhnt. Auch wenn sich die Ansichten zur Sexualität jetzt, fast drei Jahrzehnte später, geändert haben mögen, so sind nichtmonogame Beziehungen, Pornografie und bezahlter Sex immer noch fest am »äußeren Rand« fixiert.[4] In der *Geschichte der O* sind Heteronormativität und Monogamie nicht wichtig, tatsächlich scheinen sie geradezu unerwünscht. In der Welt von Roissy kann jeder Mann jede Frau, die ihm zusagt, benutzen. Sogar außerhalb des Schlosses können Sklavinnen in Anspruch genommen werden, sofern man in die geheimen Erkennungszeichen eingeweiht ist, zum Beispiel gibt es einen speziellen Ring, der von den Frauen immer getragen werden muss. Geschlechtsverkehr zwischen Frauen (zur voyeuristischen Befriedigung der Männer) ist ebenso alltäglich. Allerdings wird im gesamten Roman kein einziges Mal von Fortpflanzung gesprochen – genauso wenig von Verhütung. Keine Rolle spielen ebenfalls die Ehe oder traditionelle Formen von Familie. *Shades of Grey* wiederum schildert ein

---

3 Sub, vom englischen *submissive*, bezeichnet den devoten/unterwürfigen Partner (oder Partnerin) und steht dem Dom (dominant) gegenüber.
4 Vgl. Barker (2013a) für eine Diskussion sexueller Hierarchien aus heutiger Perspektive.

gänzlich anderes Bild von Beziehungen. Auch wenn ich keineswegs darauf abziele, die Benimmregeln aus der *Geschichte der O* zu unterstützen, stellt sich mir doch die Frage, wie es gerade das »alltäglichere« Bild von BDSM aus *Shades of Grey* geschafft hat, geradewegs in die Alltagskultur überzugehen, und welche Bedeutung dieser vermeintlich »alltäglichen Beschaffenheit« zukommen sollte.

Eleanor Wilkinson, die die Verbreitung der BDSM-Symbolik in der gegenwärtigen Massenkultur analysiert hat, warnt davor, das vermehrte Auftreten dieser Bildsprache als Beweis für Akzeptanz zu sehen, und mahnt zu einer kritischeren Lesart des Kontextes, in dem sie auftritt: »Do these images challenge the sexual status quo, or do they reinforce SM's otherness or can they do both simultaneously?« (Wilkinson, 2009, S. 182) Trotz des Umstandes, dass das Thema subversiv ist, hängt seine Präsentation mit bekannten exemplarischen Tropen zusammen. Im medial aufgebauschten *Shades of Grey* wird SM im sicheren Rahmen eines Liebesromans gezeichnet. Die ihm eigene unaufdringliche und doch erregende »kinky fuckery« fungiert dabei als sichere Bahn, auf der subversive Sexualität und heteronormative Glückseligkeit gegeneinander ausgespielt werden. Der Roman ist, wie Lisa Downing bemerkt, »in many ways a very classical romance, undeniably tritely written and riddled with cliché« (Downing, 2013, S. 93). Die Einbindung von sadomasochistischen Spielen beschreibt dabei ihren »Neuheitswert«, stellt aber sonst keine Störung des Genres da (Downing, 2013) oder bedroht gar den Stellenwert der Geschichte als harmloser und doch vergnüglicher, massenmarkttauglicher erotischer Text.

Der Reiz, BDSM zu Marketingzwecken zu nutzen, lässt sich anhand der steigenden Verkaufszahlen von Sexspielzeug als Folge des *Shades-of-Grey*-Fiebers erklären, und die Verwendung einer sadomasochistisch inspirierten Bildsprache in der Werbung für Kleidung und Autos verbindet BDSM als sexuelle Praktik mit einem privilegiertem Dasein. Paraphernalien wie Sexspielzeug werden als unverzichtbar dargestellt und hinterlassen bei unwissenden KonsumentInnen den Eindruck, dass sie notwendig sind, um sich an erotischen Machtspielen beteiligen zu können. Beide Romane verstärken diesen Eindruck noch: BDSM scheint zwischen TeilnehmerInnen stattzufinden, die aus einer wohlhabenden weißen Mittel- oder Oberschicht stammen, gebildet sind und deren Körper der Norm entsprechen.[5] In der *Geschichte der O* reproduziert auch Roissy aristokratische Verhältnisse durch seine kultivierte und edle Szenerie und dem entsprechen-

---

5   Auch in Studien bestätigt sich, das Menschen die BDSM Clubs frequentieren vorwiegend heterosexuell, weiß, und finanziell abgesichert sind (vgl. Newmahr, 2011; Weiss, 2011).

den Auftreten seiner BewohnerInnen.⁶ *Shades of Grey* ist gleichermaßen in der privilegierten Welt der Superreichen angesiedelt, wo es weder an beiläufigen Hubschrauberflügen noch an Haute Couture-Mode und Technologien der allerneuesten Generation mangelt. Dieses finanzielle Privileg spiegelt sich auch in der ethnischen Zusammensetzung der ProtagonistInnen. Die einzigen nichtweißen Charaktere in beiden Büchern werden, sowohl was ihre Eigenschaften als auch ihr Ansehen angeht, recht dubios beschrieben. In der *Geschichte der O* tritt Sir Stephens namenlose Haushälterin auf, deren Blicke O als stummes Urteil auffasst. In *Shades of Grey* fühlt sich José, der fröhliche hispanoamerikanische Fotograf, zu Anastasia hingezogen, hat aber weder gegen Christians Aussehen noch sein mysteriöses Wesen eine Chance und ist damit ein vollkommen entsexualisierter Freund. Als er eines Abends die Grenzen des Erlaubten übertritt, wird er für die Rolle als Partner vollkommen untragbar und gleichzeitig argwöhnisch beobachtet.

Schließlich wird auch die privilegierte Stellung der Heterosexualität in beiden Geschichten konsolidiert. In Os Leben zielen gleichgeschlechtliche sexuelle Begegnungen immer nur darauf ab, Männer zu befriedigen. Selbst in Sir Stephens Abwesenheit, während ihres Aufenthaltes auf dem nur von Frauen bewohnten Gut Samois, wird all ihr Handeln von seinen vorausgehenden Anordnungen bestimmt. Die *Shades-of-Grey*-Bücher beinhalten von vornherein keinerlei nicht-heterosexuellen Affinitäten. Und obwohl sie heute das vorherrschende Beziehungsmodell ist, wurde der Heterosexualität als soziales Konstrukt weit weniger kritische Auseinandersetzung zuteil als anderen Formen sexuellen Verlangens, und das ungeachtet ihrer problematischen Struktur. David Archard (1998) stellt in seiner Abhandlung die Heterosexualität in den Mittelpunkt, denn er argumentiert, dass es sich bei sexuellem Konsens um ein weibliches ›Problem‹ handle, und die Diskussion daher an das Geschlecht gebunden sei. In seiner Auseinandersetzung mit dem Thema identifiziert er drei Grundprinzipien, die einer zulässigen Zustimmung zugrunde liegen müssen: das Vermögen, zustimmen zu können, die Information und die Freiwilligkeit. Und sollte es irgendwelche Zweifel geben, ob die Zustimmung gegeben wurde, so soll man davon ausgehen, dass dies nicht geschehen sei (Archard,1998, S. 15). Was aber wenn das Ziel ist, die Illusion von *non-consent*, der Nichteinvernehmlichkeit, zu schaffen? Selbst-

---

6   Diese Art der Inszenierung wurde inzwischen auch von dem BDSM-Pornografieproduzenten Kink.com übernommen, welcher mit *The Upper Floor* Content liefert, der von der *Geschichte der O* sowie von de Sades Werken inspiriert scheint (vgl. Harman, 2012; The Upper Floor, 2012).

verständlich ist Zustimmung eine der Voraussetzungen für sadomasochistische Begegnungen, jedoch finden es viele SM-SpielerInnen reizvoll eine Atmosphäre zu schaffen, die gewalttätiger erscheint. Dies wird durch das Konzept des *consensual non-consent*, der einvernehmlichen Nichteinvernehmlichkeit, ermöglicht. Die Beliebtheit dieser Spielart war der Auslöser einer ausufernden Diskussion innerhalb der internationalen BDSM-Szene, die gegenwärtig auch durch Reaktionen der Öffentlichkeit auf James' Romane auf diversen aktivistischen Blogs (Barker, 2013b) und in Workshops intensiviert wird. Es ist unbedingt notwendig, diese Debatte zu erweitern und sie auch Neulingen, die an erotischen Machtspielen Interesse haben, zugänglich zu machen. Stacey Mae Fowles (2008) spricht sich daher für eine breite Diskussion über Zustimmung und einvernehmlicher Nichteinvernehmlichkeit aus, gerade weil EinsteigerInnen, die BDSM praktizieren, sowie RezipientInnen sadomasochistischer Bildsprache – ob in der Werbung oder in pornografischem Material – noch kein Bewusstsein für BDSM entwickelt haben und daher die einvernehmliche Nichteinvernehmlichkeit als (vermeintlich akzeptable) Gewalt gegen Frauen lesen. In ihrer Analyse rügt sie vor allem die stereotype Darstellung submissiver Frauen in Mainstreamtexten und kehrt somit wieder zu Wilkinsons Frage bezüglich des Zweckes ebendieser Darstellungen und den Gefahren, die diesen innewohnen, zurück (Wilkinson, 2009).

Ich werde im Folgenden nun betrachten, wie Zustimmung in den Texten begründet wird, und ziehe Vergleiche, um aufzuzeigen, dass, obwohl sowohl Ana als auch O anfangs ihren jeweiligen Liebhabern gefallen wollen, Ana bald damit beginnt, Christians Wünsche zu transformieren, während O sich vollkommen auf ihre submissive Rolle einlässt und die Erwartungen, die in sie gesetzt werden, noch übertrifft. In ihrer grundlegendsten Form scheint das Prinzip der Zustimmung recht unkompliziert: Jegliches Handeln, ob sexuell oder anders, ist einvernehmlich, sofern alle beteiligten Erwachsenen freiwillig und in Kenntnis aller Fakten zustimmen und sofern dieses Handeln niemandem Schaden zufügt. Es ist jedoch offensichtlich, dass viele Situationen es erfordern, diesen scheinbar simplen Ausgangspunkt weiter zu entwickeln. Selbstverletzendem Verhalten zuzustimmen ist nur in ausgewählten Fällen erlaubt, so wird es beispielsweise bei medizinischen Eingriffen oder sportlichen Leistungen, nicht aber zum Zwecke (sexuellen) Vergnügens, als moralisch vertretbar angesehen. Verletzendem Verhalten im Rahmen sadomasochistischer Praktiken zuzustimmen war bisher juristisch riskant (Califia, 1994; Rubin, 2011 [1984]) und wird erst seit Kurzem von den Behörden gebilligt. Jedoch kann ein offenes Bekenntnis zu sadomasochistischen Vorlieben je nach geografischer Lage juristische und private Probleme nach sich ziehen (z. B. was die Beschäftigung und juristische Verfahren, die Sorgerechtsfragen betreffen, angeht) und möglicherweise als krimineller Tatbestand verfolgt werden (Attwood & Walters, 2013). Die *Geschichte der O* und die *Shades-of-Grey*-Trilogie beschreiben zwei sehr unterschiedliche Auffassungen von Zustimmung. In der *Geschichte der O* wird ein vorschreibender, von Zwang geprägter Zustand beschrieben, während *Shades of Grey* ausgedehnte Verhandlungen beinhaltet, um eine gegenseitig befriedigende und akzeptable Übereinkunft zu erreichen.

Zustimmung verhandeln

Alex Dymock (2011) beschreibt in einem Artikel über die problematischen Auswirkungen der Normalisierung von BDSM insbesondere die weibliche Handlungsmacht aus psychoanalytischer Sicht. In ihrer Lesart von Robin Wests Analyse der Gefahren einvernehmlicher sadomasochistischer Sexualität bestätigt sie, dass die Assimilierung von BDSM in der heutigen Konsumkultur zu normierten Repräsentationen wie jenen in Männerzeitschriften führt, in denen weibliche Unterwerfung oft als Form von Willfährigkeit präsentiert wird, die sich nur schwer von weiblichem Masochismus unterscheiden lässt. Und eben diese Willfährigkeit wird innerhalb des heteronormativen Systems systematisch belohnt, während die eigentlichen weiblichen Wünsche verschwiegen werden (Dymock, 2011). Das erinnert an Rubins Beobachtung, dass ein männlich dominiertes System nur jene weibliche Sexualität begünstigt, die auf männliche Wünsche und Verlangen eingeht (Rubin, 2011 [1984]). Wo jedoch lassen sich die Überlegungen zur Handlungsfähigkeit in *Shades of Grey* einordnen?

Im feministischen Diskurs gibt es anhaltende Diskussionen über Sadomasochismus. Die eine Seite, traditionell als sex-positiv bezeichnet, sieht die Spielart als Ausdruck sexuellen Verlangens und sexueller Handlungsmacht, die andere argumentiert hingegen, dass BDSM Gewalt ist und somit männliche heterosexuelle Dominanz und das patriarchale System wiedergibt (radical feminist).[7] Die Diskussion zur Legitimität von BDSM als feministischer sexueller Praktik wird gegenwärtig durch die Masse an Reaktionen zur Rezeption von *Shades of Grey* wieder in den Vordergrund gedrängt und dreht sich vor allem um die bereits

---

7   Downing (2012) schlägt vor, anstatt binärer Terminologie »sex-critical« zu verwenden (vgl. auch Deckha, 2011).

etablierten Fragen um die weibliche sexuelle Handlungsmacht. In einer Analyse aus postkolonial-feministischer Sicht zieht Maneesha Deckha (2011) Parallelen zwischen der westlichen feministischen Rezeption und Kritik an nichtwestlichen kulturellen Praxen und der Behandlung von BDSM im gleichen theoretischen Rahmen. Sie zeigt die marginalisierten kulturellen Identitäten auf, die von Menschen, die nichtwestliche, mit Schmerz verbundene Praktiken ausüben, und Menschen, die BDSM praktizieren, geteilt werden, und hält kritische Denker dazu an, einen »world-traveling« (weltreisenden) Zugang zu dieser Frage zu finden, um Parallelen nachweisen zu können und eine Neubewertung von BDSM als legitime feministische Praxis zu erlauben. »World-traveling« legt besonderes Augenmerk darauf, bisher unbekannten Erfahrungen auf kritische und gleichzeitig respektvolle Weise zu begegnen, um so die Tendenzen, kulturelle Praxen als »anders« zu sehen und ungewollt in eine imperiale Position abzurutschen, zu mindern (Deckha, 2011, S. 134). Basierend auf den drei Schritten, die sie in ihrer Analyse anführt, sagt Deckha bezüglich BDSM: »S/M is something that many people actively seek out and enjoy. It holds value for some women and it is too dismissive to regard this value as an expression of false consciousness« (Deckha, 2011, S. 141). Während sich Deckha Mühe gibt, weder die eine noch die andere Seite der Diskussion zu bevorzugen, erkenne ich in diesem Zugang die Tendenz, weibliche submissive und BDSM praktizierende Menschen positiv zu betrachten. Das Anerkennen der Rechtmäßigkeit der Wahl ihrer sexuellen Rolle, wenn auch innerhalb eines verzerrten und patriarchalen Systems, würde einen ehrlicheren Dialog ermöglichen.

In *Shades of Grey* definiert sich Anastasia selbst nie als submissiv. Sie weigert sich, den Vertrag zu unterzeichnen und schiebt Christians Wünsche kontinuierlich als unnatürlich und pathologisch zur Seite, womit sie ihn zwingt, sich mit Situationen zu konfrontieren, die er aus Gründen des Selbstschutzes (nach Missbrauchserfahrungen in seiner frühen Kindheit) bis dahin vermieden hatte. Im Verlauf der Geschichte wird seine Vergangenheit nach und nach aufgedeckt, und es wird klar, dass die Beziehungen, die er als Erwachsener initiiert hatte, immer mit Frauen waren, die sich als submissiv identifizierten und die den Vertrag ohne zu Zögern verhandelten und unterschrieben und somit auch ihre sexuellen Wünsche zum Ausdruck brachten. Wenn sie jedoch im Roman erwähnt werden, zeigt ihre Beschreibung eine moralische Verurteilung durch Anastasia. Sie bezeichnet Christians frühere Partnerinnen als »some kind of kinky sex slave(s)« (James, 2011, S. 126) und ist entsetzt, als er vorschlägt, dass sie sich vielleicht mit einer von ihnen unterhalten könnte, um einige von Christians Erwartungen besser zu verstehen:

»›[...] If you'd like, I can introduce you to one of my former subs.
You could talk to her.‹
What? Is he deliberately trying to upset me?
›Is this your idea of a joke?‹
[...]
›I didn't mean to offend you.‹
›I'm not offended, I'm appalled.‹
›Appalled?‹
›I don't want to talk to one of your ex-girlfriends ... slave ... sub ... whatever you call them‹« (ebd., S. 198).

Im zweiten Teil der Trilogie erleidet eine der Ex-Partnerinnen eine psychotische Episode, die so dargestellt wird, als wäre sie durch Christians und Anastasias romantische Beziehung ausgelöst worden, und die das Leben beider Protagonisten in Gefahr bringt. Somit wird eine Frau, die aktiv ihre Rolle auslebt und ihre subjektive Handlungsfähigkeit ausschöpft, zwangsläufig als pathologisch beschrieben und daraufhin ins Abseits gestellt. Die Distanzierung von freiwilliger sexueller Unterwerfung jedoch bedeutet nicht, dass das, was innerhalb der konventionelleren Beziehungsform passiert, unbedingt einen großen Unterschied zum Verhalten, das im Vertrag angesprochen wird, aufweist. Wenn Deckha (2011) sagt, »S/M in its more than mild variety is still very much a stigmatized cultural practice constituting its practitioners as a marginalized sexual subculture«, erklärt sie damit James' narrative Entscheidungen und argumentiert ähnlich wie Margot Weiss (2006).

In ihrem Aufsatz zur politischen Dimension von Darstellungen von BDSM beschreibt Weiss Interviews mit nicht-BDSM-praktizierenden TeilnehmerInnen, die zum filmischen Überraschungshit *Secretary* (Shainberg, 2002) befragt wurden. Sie postuliert zwei Mechanismen zur Rezeption von BDSM in der Mainstreamkultur: *Akzeptanz durch Normalisierung* und *Verstehen durch Pathologisierung*. Folglich werden Repräsentationen auf zweierlei Arten rezipiert: entweder ZuschauerInnen *akzeptieren* Darstellungen, wenn sie normalisierter westlicher Sexualität nahe genug kommen, oder sie *verstehen* sie als Schilderung eines essenziellen psychologischen Bedürfnisses. Beide Zugänge verstärken jedoch die Grenzen zwischen »guter« und »schlechter« Sexualität (Weiss, 2006; vgl. auch Rubin, 2011 [1984]):

»By offering modes of acceptance and understanding that reinforce the division of sexuality into normal/abnormal, privileged/policed, and healthy/pathological, these mainstream representations of SM disrupt the assumption of causation between visibility and political progress« (Weiss, 2006, S. 119).

Weiss bezieht sich hier auf die Tatsache, dass trotz des Einzugs von BDSM in die Populärkultur und der scheinbar wachsenden Akzeptanz politisch keine Möglichkeiten genutzt werden. Welche Praktiken auch immer momentan als erträglich und akzeptabel befunden werden, sie formen ein neues dichotomes Zweites, dessen Gegenpart weiterhin außerhalb des Mainstreams bleibt: »if spanking is now OK, then branding or cutting is not« (Weiss, 2006, S. 12). Durch ihre Interviews kommt sie zu dem Schluss, dass das Verlangen der Gesamtkultur, das grenzüberschreitende Potenzial von BDSM zu sehen, politisches Potenzial hat. In diesem Punkt widerspreche ich ihr. Wenn man die Debatten über die gegenwärtigen Darstellungen von BDSM und den massenmarkttauglichen Reiz von Präsentationen wie *Shades of Grey* bedenkt, argumentiere ich, dass es zwar – wie auch einer der Interviewpartner von Weiss sagt – ein sensationslüsterndes und voyeuristisches Verlangen gibt, die »hardcore« Praktiken zu sehen, eine Darstellung dieser »extrem« erscheinenden Praxen, die in der Szene durchaus gängig sind, aber in der Öffentlichkeit nicht goutiert würde, sondern sogar eher im Gegenteil gegen die Anstrengungen um Akzeptanz wirken würde, da sie die Unterschiede zwischen normativer (Hetero-)Sexualität und BDSM unausweichlich offenbaren würde.

»You. Are. Mine.« In diesem Teil wird näher auf das Konzept des Besitzes in erotischen Machtspielen eingegangen, das oft sowohl historisch als auch im Hinblick auf den Menschenhandel als problematisch empfunden wird. In der Gegenwartskultur signalisiert Besitz auf symbolische Weise oft Zugehörigkeit und Schutz anstatt wortwörtlicher Eigentümerschaft. Praktiken rund um Machtspiele wie »erotic power exchange« (EPE, erotischer Machtaustausch) oder »total power exchange« (TPE, totaler Machtaustausch)[8] stoßen oft auf Ablehnung. Leopold von Sacher-Masochs *Venus im Pelz*, erschienen 1870, ist eine frühe Auseinandersetzung mit gewählter sexueller Sklaverei und beschäftigt sich mit der Frage, ob es möglich ist, sich selbst – seinen Körper, materielle Besitztümer, Zeit – in den Besitz einer anderen Person zu übergeben. Der Protagonist der Novelle, Severin, überredet seine Geliebte Wanda die Rolle der Herrin zu testen, erkennt aber bald, dass er nicht für das Dasein in Dienerschaft gemacht ist, und verlässt sie, als sie beginnt in ihrer Rolle aufzugehen. Diese fiktive Wiedergabe einer Master/slave-Beziehung hatte großen Einfluss auf die BDSM-Szene und dient in der Szene als Vorlage für Machtspiele. In einer aktuelleren Beschäftigung mit Eigen-

---

8   EPE bezeichnet ein zeitlich begrenztes Spiel, TPE versucht über eine längere nicht vorhersehbare Zeit hinaus die Machtverhätnisse zu ändern, um so der Illusion von sexueller Versklavung nahe zu kommen.

tümerschaft beschreibt Angel Butts (2007) derartiges Besitzdenken nicht nur als möglich, sondern erinnert uns daran, dass es oftmals sogar als wünschenswert präsentiert wird. Sie erwähnt Grußkarten und populäre Songtitel, die ganz offen von der engen Beziehung zwischen Besitzdenken und Romantik in unserer Kultur sprechen, und folgert daraus, dass diese Darstellungen die »object quality« eines Körpers postulieren. Was ich BDSM-Gemeinschaft oder Subkultur nenne, bezeichnet Butts als »sexualisierte Lifestyle-Gemeinschaft«, innerhalb derer Sklavenverträge gängige Praxis sind:

> »The contract stands as a written reminder that neither slaves nor Masters are free to exit the relationship at will without risking sanction from the closely knit lifestyle communities. While such contracts may not be legally binding, they are invested with a symbolic worth« (Butts, 2007, S. 68).

Sie argumentiert weiter, dass Master/slave-Beziehungen »tatsächlich *Beziehungen* sind« (Butts, 2007, Hervorh. im Orig.) und sich daher nicht übermäßig von konventionellen Beziehungen unterscheiden, wie oftmals angenommen wird.

Ich mache diese konkrete Aussage zum Ausgangspunkt meiner Auseinandersetzung mit dem kommerziellen Erfolg von *Shades of Grey*. »Hearts and Flowers«, im Buch Code für konventionelle romantische Beziehungen, werden nie mit dem von Christian ursprünglich vorgeschlagenen Arrangement gleichgesetzt. Anastasias erste Reaktion auf den Vertrag, der ihr vorgelegt wird, ist, dass das »no way to have a relationship« (James, 2011, S. 176) sei, womit augenblicklich die Möglichkeit, die Wünsche und Erwartungen beider Partner zu verbinden, abgelehnt wird und womit auch darauf angespielt wird, dass das vorherrschende Beziehungsmodell zu bevorzugen sei. Somit ist die Richtung für den Rest der Trilogie vorgegeben. Christians Wunsch, als selbstidentifizierter BDSM-Dom zu agieren, wird als krankhaft abgetan, und unbewusst wird von ihm erwartet, dass er sich zu einer »besseren«, konventionellen »Vanilla«-Beziehung umorientiert. Jeder Widerstand seinerseits wird als »sonderbar« beschrieben, was auch in den diffusen Warnungen von Anastasias Mitbewohnerin Kate Ausdruck findet, bevor diese entkräftet werden. In Übereinstimmung mit anderen Schilderungen sadomasochistischer Romanzen[9] versucht Anastasia wiederholt, einen Grund für die Entwicklung seiner Vorlieben und Eigenheiten zu finden. Nachdem sie seine Mut-

---

9 Ich beziehe mich hier auf Steven Shainbergs Fim *Secretary*. Die masochistischen Wünsche der Protagonistin Lee werden hier mit selbstverletzendem Verhalten in Verbindung gebracht; auch E. Edward Greys Verhalten wird als annähernd pathologisch beschrieben.

ter kennenlernt, die vollkommen im Einklang mit ihren Oberschichtprivilegien lebt, verwirft sie die Idee, es könnte etwas mit seiner Erziehung zu tun haben, und beginnt stattdessen eine ehemalige Partnerin zu verdächtigen, eine Frau die sie wegen des Altersunterschiedes nur »Mrs. Robinson« nennt. Anastasia lässt ihrem Ekel und den Vorwürfen[10] freien Lauf, verstärkt durch das gesellschaftliche Stigma bezüglich der Sexualität älterer Frauen. Auch Christians Versicherungen, dass Mrs. Robinsons Rolle in seinem Leben positiv und hilfreich war, ändern daran nichts.

Während Anastasia generell als unerfahren und naiv dargestellt wird, nutzt sie den begrenzten Einfluss, den sie über Christian hat – vor allem seine Vorliebe für ihre Unschuld –, und zwingt ihn dazu, sich nach und nach von seinen Wünschen abzuwenden. Jegliches Beharren seinerseits hat kindisches Schmollen zur Folge und den LeserInnen wird vorgegaukelt, dass dieses Drängen auf eine Veränderung »zum Besseren« eine heilende Kraft ausübt, die langsam die Folgen von Christians vergangenen Misshandlungen, also seine sexuelle Orientierung, ausmerzt. So werden die Machtverhältnisse diesbezüglich etwas umgedreht, und wenn Anastasia auch fürchtet, von Christian verlassen zu werden, so gewöhnt auch er sich immer mehr an sie und ist damit zunehmend anfälliger für Anastasias emotionale Erpressung. In der Populärkultur wird dieses Verhalten oft als »playing the game« bezeichnet, also seinen Willen durch die Teilnahme an einer Art emotionalen Tauziehens durchsetzen zu wollen, bei dem man die Oberhand im Streben nach Macht in der Beziehung gewinnen kann. Das transgressive Potenzial des Romans wird erst offensichtlich, als Christian seine Kontrolle über Anastasia auf ihre Sexualität hinaus ausweiten will. Der erste Vertragsentwurf beinhaltet Vorschriften zu ihrer Zeitplanung, Gesundheit, Körperpflege, Nahrungsaufnahme, Schlafdauer, Trainingszeiten und Verhütung. Vor allem Letzteres ist ein überzeugender Indikator dafür, wie sehr ihr Leben beeinflusst wird: Christians Aversion gegen Kondome bedeutet hier automatisch, dass Anastasia die Pflicht hat, Hormone einzunehmen; Alternativen, die einen Eingriff in Christians Körper bedeuten würden, werden nicht erwähnt[11] und so lässt Anastasia

---

10 Anastasia bezeichnet »Mrs. Robinson« wiederholt als pädophil und missbrauchend und nimmt an, dass ihr Verhalten Christian noch mehr »versaut« hat; sie weist die Möglichkeit eines positiven Einflusses kategorisch ab.

11 Es wäre interessant, sich näher mit der Rolle der Reproduktionsfähigkeit zu beschäftigen. Es scheint als ob Fruchtbarkeit als unverzichtbar für die Darstellung von Männlichkeit angesehen wird, und ist auch eine Grundanforderung an das Dasein als Frau, die allerdings nur zu leichtfertig für die sexuelle Erfüllung des Mannes auf Eis gelegt wird. Da Christian keine Kinder will, wäre eine Vasektomie eine praktischere und sicherere Lösung. In der Geschichte der O wird Verhütung überhaupt nicht angesprochen, was die Frage offen lässt, wie Schwangerschaften verhindert wurden.

sich pflichtbewusst von seiner Ärztin untersuchen und befragen, um seinen Wünschen nachzukommen. Dieser erste Schritt in Richtung vollkommener Kontrolle über ihren Körper und ihre Identität ist bezeichnend für die Dominanz, die er sich wünscht. Das ordnet die Beziehung gleichzeitig innerhalb und außerhalb heteronormativer Grenzen ein, da hier sowohl die etablierte Konvention, den Frauen die Verantwortung zur Verhütung aufzubürden, reflektiert wird als auch Christians Anspruch darauf, jeden Vorgang ihres Körpers zu kontrollieren, angefangen mit seiner Reproduktionsfähigkeit, gefestigt wird.

Butts Erklärungen veranschaulichen, dass der Besitz des Körpers nur der Beginn einer umfassenderen Kontrolle über alle Bereiche des im Besitz befindlichen Sklaven ist, die sich ganz klar über sexuelle Vorgänge hinaus erstreckt (Butts, 2007, S. 71). Der Artikel zieht eine Fallstudie heran, in der die dominante Mistress Linda erklärt, warum sie darauf besteht, nicht nur die Zeit, sondern auch die Körper ihrer Sklaven zu kontrollieren. Sie erachtet es als Erweiterung ihrer Eigentümerschaft auch die grundlegendsten Körperfunktionen zu bestimmen, mit dem Ziel, die traditionelle Idee, dass man im Besitz seines Selbst ist, zunichtezumachen, da dies ihren von außen kommenden Besitzanspruch gefährdet. Während Mistress Lindas Arrangements unbefristet sind, versichert Christian Anastasia, dass ihre Unterwerfung auf einen vorher ausgehandelten Zeitraum beschränkt bleibt, offensichtlich nicht erkennend, dass bereits der scheinbar kleine Schritt eines hormonellen Eingriffs als solches nicht begrenzt werden kann und damit unbeabsichtigt seine Kontrolle über ihren Körper auf unbestimmte Zeit ausgedehnt wird. Diese Tatsache bleibt in den Verhandlungen von beiden Seiten unbemerkt und bezeugt damit gleichsam, wie alltäglich dieser spezielle Eingriff ist. James konzentriert sich stärker auf offensichtlich grenzüberschreitende Punkte: die Vorschriften bezüglich Sport und Nahrungsaufnahme, so darf sie nur Lebensmittel von einer vorab genehmigten Liste zu sich nehmen. Letzteres lehnt Anastasia sofort ab, auch wenn sie großen Wert darauf legt, in Christians Gegenwart zu essen, selbst wenn sie nicht hungrig ist. Auch die sportliche Betätigung wird lange verhandelt, und am Ende lässt sie sich davon überzeugen, sich zu fügen. Laut Vertrag ist Anastasia dazu verpflichtet, ihren Körper rasiert, gepflegt, und gesund zu halten. Während die Gesundheitsklausel auch für Christian verbindlich ist, gelten die Vorgaben für Sport und Körperpflege für ihn nicht und spiegeln damit einmal mehr die gesellschaftliche Akzeptanz der Kontrolle weiblicher Körper, die sich an wesentlich striktere Regeln für Schönheit (und Gesundheit) halten müssen als Männer. Das wird auch dadurch belegt, dass alle Punkte, die die althergebrachten Normen femininer Schönheit betreffen, stillschweigend akzeptiert werden.

In der *Geschichte der O* sind die Regeln nicht verhandelbar. Auf Roissy gibt es Kleidungsvorschriften sowie Regeln für das Leben nach Os Trainingszeit. Die meisten Vorschriften regeln den Zugang zu ihrem Körper, aber es gibt keinerlei Anordnungen über persönliche Fitness, Gesundheit, Verhütung oder Schlaf. Körperpflege wird erwähnt und die Frauen sind angehalten, ihre Brustwarzen und Schamlippen mit Rouge zu betonen. Ich vermute, dass die Vorgaben im Vergleich viel strenger erscheinen, wahrscheinlich weil sie nicht als Ausgangspunkt für gleichberechtigte Verhandlungen, sondern als Anordnungen, die mit körperlicher Züchtigung forciert werden, präsentiert werden. Der Fokus liegt hier jedoch vor allem auf dem Zugang zu Os Körper. O wird gleich nach ihrer Ankunft jeder Handlungsmacht entledigt, da sie immer unter Kontrolle steht und es ihr nicht erlaubt ist, sich selbst zu berühren. Später wird jeder Widerstand sorgfältig gebrochen, bis sie den Punkt vollkommener Selbstaufgabe erreicht, ihr Leben außerhalb ihrer sexuellen Dienste bleibt jedoch weitgehend von ihrer Position in Roissy unberührt. Die Geschichte selbst wird immer wieder für ihre misogynen Eigenschaften kritisiert (vgl. Benjamin, 1980; Kustritz, 2008; Sontag, 2002 [1984]). Auch wenn ich generell mit einer Lesart übereinstimme, die O in einem heteronormativen und patriarchalen System verortet, so räumt sie in einer Schlüsselszene doch auch ein, was in der Geschichte ihre Lüsternheit und Schamlosigkeit (Réage, 1972 [1954], S. 129) genannt wird: die Tatsache, dass sie die Männer, die sie benutzen, begehrt. Darin lese ich einen Rest von Handlungsfreiheit für O, der in Anastasias Subjektivität vollkommen abwesend ist, was durch die Tatsache belegt wird, dass sie keinerlei Kenntnis davon zu nehmen scheint, dass alle Protagonisten an ihr interessiert sind. In *Shades of Grey* wird uneingeschränkt klargestellt, dass Anastasia nur Christians Zuneigung sucht. O, obgleich sie auf dem Weg zur Auslöschung ihres Selbst ist (Sontag, 2002 [1974]), genießt die Tatsache, dass sich Sir Stephen schlussendlich in sie verliebt.

Wo die *Geschichte der O* Fantasie ist, die sich nicht auf unser heutiges Leben übertragen lässt, hat *Shades of Grey* es geschafft, die Massen anzusprechen, indem das Buch den Kompromiss eingegangen ist, »kinky fuckery« hinter einer konventionellen Romanze zu verbergen. Dennoch scheint die *Geschichte der O* trotz ihrer radikaleren Ideen eine sicherere Geschichte in Bezug auf das Aussickern der Zustimmung (was ich im Englischen »consent seepage« nenne) zu sein, also für die Situationen, in denen die Zustimmung, die für sexuelle Handlungen gegeben wurde, metaphorisch ins Alltagsleben einsickert. Während es natürlich Szenen gibt, in denen Os Zustimmung mehr als fragwürdig ist, oder gar nicht explizit gegeben wurde, sind die Regeln streng genug, um eine Trennung zwischen ihrer

Identität als Sklavin und ihrem professionellen Selbst sicherzustellen.[12] Ihre Bereitschaft, Handlungen zuzustimmen, wird jedoch jederzeit als selbstverständlich gesehen:

> »Consent, O was telling herself, consent wasn't the difficult part, and it was then she realized that neither of the men had for one instance anticipated the possibility of her not consenting: nor had she« (Réage, 1972 [1954], S. 98).

Üblicherweise wird O vorzeitig nach ihrer Zustimmung gefragt, bevor sie gestraft oder ansonsten zum Vergnügen der Männer behandelt wird, ohne jedoch weitere Informationen zu bekommen, welche Handlungen dies beinhalten könnte. Sie fragt kaum jemals nach und verweigert es nur einmal, einer Anordnung Folge zu leisten, wofür sie streng bestraft und von Sir Stephen sexuell misshandelt wird.[13] Von Vergewaltigung zu sprechen wäre hier genau genommen eine Fehlbezeichnung: O nimmt ihre Zustimmung nicht laut ausgesprochen zurück. In Réages Beschreibung der Szene verweigert sie jedoch den »Versprechen der Unterwerfung und Unfreiheit, die sie gegeben hatte, [...] ihre eigene Zustimmung« (ebd., S. 120), und ist danach entschlossen, ihm Widerstand zu leisten. Auch wenn diese Szene sehr intensiv ist, so hat O jederzeit die Möglichkeit – auch wenn es mehr als unwahrscheinlich ist, dass sie es tun würde –, ihre Bestrafung zu beenden, was gleichzeitig allerdings auch einen Abbruch des Kontaktes zwischen ihr und ihrem Liebhaber bedeuten würde. Indem sie bleibt und alles erträgt, bekräftigt sie ihre Entscheidung und ihre ursprüngliche Zustimmung. Somit ist die Gültigkeit ihrer Zustimmung abhängig von ihrer Tatenlosigkeit, und selbiges gilt auch für Anastasia. Es wird in beiden Geschichten klargemacht, dass die Zustimmung nur dann tatsächlich entzogen werden kann, wenn man das Arrangement und damit gleichzeitig auch die jeweilige Beziehung auflöst. Dieses Übereinkommen lässt jedoch auch Zweifel an der Freiwilligkeit der Zustimmung aufkommen, da es an emotionale Erpressung grenzt. Die Tatsache, dass die Zustimmung nicht

---

12 Vgl. Butts (2007) für eine Auseinandersetzung mit der Frage nach Besitz und multiplen Identitäten.

13 »She ground her teeth in rage and fought when, having whirled behind her, bent her spine forward till her elbows and forehead touched the floor, jammed his thighs behind hers and forced up her haunches, he drove himself into her anus, tearing her as René had said she would be glad to have him do. The first time, she did not scream. He went more brutally to work, and she screamed. And every time he withdrew, then plunged in again, every time, hence, that he wanted her to, she screamed. She screamed from loathing and revulsion as much as from pain, and he knew it« (Réage, 1972 [1954], S. 120).

mit Enthusiasmus gegeben werden muss (enthusiastic consent), weist auf eine Vereinbarung ähnlich dem Muster des *consensual non-consent* hin, welches in der BDSM-Szene gebräuchlich ist. Damit wird eine gegenseitige Vereinbarung beschrieben, die es den Teilnehmenden ermöglicht, so zu handeln, als ob die Zustimmung ausgesetzt worden wäre. Die *Geschichte der O* hängt gewissermaßen an diesem Konzept, da O nur ein- oder zweimal um ihre Zustimmung zu ganz bestimmten Handlungen gefragt wird. Alles andere wird als Teil einer allgemeinen Zustimmung, den Regeln von Roissy und Sir Stephens zu folgen, angesehen.

In *Shades of Grey* ist Zustimmung das *sine qua non* und wird fortlaufend verhandelt. Per Vertrag kann Anastasia verschiedene Methoden der Bestrafung, Techniken und Geräte ausschließen. Sie wird ermutigt, sich Zeit für ihre eigenen Nachforschungen zu nehmen und Fragen zu stellen, damit sie sich mit dem Ergebnis wohlfühlt, womit, wie Downing sagt, »blitzsaubere« BDSM-Ethik sichergestellt wird (Downing, 2013, S. 96). Als es am Ende des ersten Buches an der Zeit ist, den Vertrag zu unterschreiben, gesteht sie, dass sie Angst vor etwaigen Schmerzen hat, und bittet darum, eine Strafe zu erhalten, um herauszufinden ob sie den Schmerz ertragen kann[14], wozu Christian zustimmt. Nach der Strafe, Schläge mit einem Ledergürtel, läuft sie weg und beendet die Beziehung (vorläufig). Während die Episode in der Geschichte als Grenzüberschreitung Christians dargestellt wird, zeigt ein anderer Deutungsansatz, und zwar vom Aspekt der Zustimmung aus betrachtet, klar, dass Anastasia die Abmachung verletzt. Er mag ihr zwar unwillkommene Schmerzen verursacht haben, allerdings liegt es in ihrer Verantwortung, das vorher abgesprochene Safeword zu nutzen, um Handlungen, die sie überfordern, zu beenden. Anders als O hat sie nicht der Prämisse von *consensual non-consent* zugestimmt, und so steht es ihr frei, ihre Grenzen zu jedem Zeitpunkt neu zu verhandeln. Indem sie diese Abmachung ignoriert, missbraucht sie jedoch das Vertrauen, das ihr Dom in sie gesetzt hat, und bricht die Vereinbarung.

Bei dieser Gelegenheit zeigt Anastasia ihre Macht zu handeln, allerdings nur um zu erklären, was sie *nicht* will. SM-Spiele sind jedoch keine Kopie, sondern eine Simulation von Machtgefälle. Eine wörtliche Interpretation ignoriert diese Tatsache und nimmt an, dass Anastasias körperliche Unversehrtheit verletzt wurde, und nimmt somit ein erotisches Spanking als tatsächliche Gewalt. Wie oben erwähnt illustriert dies das Problem, das entsteht, wenn man kulturelle Handlun-

---

[14] Hier ist die Zustimmung zur Erfüllung seiner Wünsche ein Weg für Anastasia, eine weitere Überschreitung seiner gesetzten Grenzen auszuhandeln: »But I have an ulterior motive. If I do this for him, maybe he will let me touch him« (James, 2011, S. 504).

gen aufgrund fehlenden Hintergrundwissens nicht richtig lesen kann (cultural literacy). Fowles legt dies dar, wenn sie über die Aneignung von BDSM-Zubehör in Mainstreampornografie spricht, und meint:

> »[W]hile community members understand that it is imporant to be sensitive to the needs, boundaries, and rules of players in order to function fairy and enjoyably, mainstream porn is primarily about getting off as quickly as possible« (Fowles, 2008, S. 122).

Die Botschaft, die durch vom Markt bestimmte Adaptierungen von BDSM-Ästhetik übermittelt wird, ist, dass Frauen missbraucht werden wollen, was den zugrunde liegenden einvernehmlichen Genuss beider Teilnehmenden vollkommen außer Acht lässt. Um auf Weiss' oben erwähnte Konzepte zurückzukommen: Anastasias scheinbare *Akzeptanz* von Christians Wünschen kehren sich in bloßes *Verstehen* und *Pathologisieren*, was sie veranlasst zu gehen.

Aus erzählerischer Sicht ist James' Entscheidung, auf mehr als oberflächliche BDSM-Spiele zu verzichten, einleuchtend. Eine Darstellung Anastasias als handlungsmächtige Teilnehmerin würde in Konflikt mit den Anforderungen an die »loving-slave fantasy«, wie Tanya Gold (2012) es nennt, stehen. Gold spürt ein »Anschwellen von weiblichem Masochismus« in Populärliteratur, das sie bis zu *Shades of Grey* und seinen Vorgänger, Stephanie Meyers *Twilight*-Serie (2005, 2006, 2007, 2008), zurückverfolgt. Während sie ein Festhalten an neoliberalen Konzepten der »freien Wahl« nachahmen (Weiss, 2011, S. 18), verwerfen »loving-slave narratives« die Ansicht, dass BDSM Spiel ist, und teilen ihm die Rolle des pathologischen Gegenparts zu konventionellen Beziehungsmustern zu. Entscheidungen sind nur so lange zulässig, wie sie den gebräuchlichen Tropen der romantischen Liebe entsprechen. Anstatt sein Potenzial, tiefere Verbindung zu schaffen, anzuerkennen, wird BDSM als gewalttätig verleumdet. Dabei werden tatsächliche Missachtungen der persönlichen Distanz ermutigt, da sie den dominanten romantischen Diskurs reproduzieren. Christians Stalking wird durch alle Teile der Trilogie als romantisch, fürsorglich und beschützend wahrgenommen, anstatt augenblicklich als Missbrauch seiner Position zurückgewiesen zu werden. Er benutzt seine Privilegien, um Anastasias Einsprüche gegen seine Entscheidungen zu ignorieren[15]. Downing merkt an, dass seine sexuelle Orientierung als BDSM-Dom mit der Einstellung seiner Partnerin gegenüber verschmilzt, was un-

---

15 Zum Beispiel schickt er teure Geschenke, zwingt sie Geld von ihm anzunehmen, verfolgt sie über ihr Handy und durchleuchtet das Leben ihrer ArbeitskollegInnen.

terstellt, dass seine Sexualität und sein Charakter ein und dasselbe sind (Downing, 2013, S. 93). Seine Vorliebe, Anastasia zu infantilisieren, wird nur noch von ihrer Bereitschaft, dem nachzugeben, übertroffen. Sie spricht sein Verhalten und seine Nachstellungen an, ist im Endeffekt aber besorgter darüber, wie er sie wahrnimmt. Mithilfe ihrer »inner goddess«, der Personifikation des verinnerlichten »male gaze«, die sie ständig daran erinnert, wie sie von außen wirkt, beginnt sie ihre eigenen Handlungen zu kontrollieren und passt sich vollkommen Christians Leben und seinen Wünschen an. Anders als O findet sie jedoch keine Erfüllung in ihrer Lage. Sie kann nicht »wollen wollen«. Der Versuch, sich selbst dazu zu bringen, etwas zu mögen, birgt viele Möglichkeiten. Doch was der Philosoph John Locke *second-order volition* (»den Willen zu wollen«) nennt, ist unmöglich und muss unweigerlich scheitern (Hall, 2009, S. 7), wie es am Ende von *Shades of Grey – Geheimes Verlangen* passiert. Um innerhalb der vorgeschriebenen Genrekonventionen zu bleiben und den Erwartungen der Masse zu entsprechen, hält sich James fest an die Vorgaben zur bewährten Weiblichkeit. Réages O gibt aus einer ähnlich privilegierten Position ihr Selbst und ihr Recht autonom zu handeln auf, weil sie dadurch in einer in ihr wachsenden Sehnsucht aufgehen kann. Anastasia beginnt nicht einmal damit, ihre Subjektivität zu erforschen, sondern ersetzt stattdessen ihre eigenen Wünsche durch die ihres Liebhabers, während sie sich gleichzeitig an veralteten Gepflogenheiten orientiert. Die Erzählung verstärkt so die negativen Abgrenzungen zwischen den Begehren, die heute als gängig akzeptiert werden, und denen, die weiterhin pathologisiert, ausgestoßen und verhöhnt werden.

Danksagung

Mein Dank geht an Donald E. Hall und Finn Ballard für ihre Unterstützung und Ermutigung. Die Forschung, die diesem Beitrag zugrunde liegt, wäre ohne die Unterstützung des ÖAD durch ein Marietta-Blau Stipendium nicht möglich gewesen.

Literatur

Archard, D. (1998). *Sexual Consent*. Boulder: Westview Press.
Attwood, F. (2006). Sexed Up: Theorizing the sexualization of culture. *Sexualities, 9*(1), 77–94.
Attwood, F. & Walters, C. (2013). Fifty Shades and the law: Regulating sex and sex media in the UK. *Sexualities, 16*(8), 974–979.
Barker, M. (2013a). *Rewriting the Rules. An Integrative Guide to Love, Sex and Relationships*. London: Routledge.

Barker, M. (2013b). Consent is a grey area? A comparison of understandings of consent in *Fifty Shades of Grey* and on the BDSM blogosphere. *Sexualities, 16*(8), 896–914.
Benjamin, J. (1980). The bonds of love: Rational violence and erotic domination. *Feminist Studies, 6*(1), 144–174.
Butts, A. M. (2007). »Signed, sealed, delivered ... I'm yours«: Calibrating body ownership through the consensual master/slavery dynamic. *Sexuality & Culture, 11*(2), 62–76.
Califa, P. (1994). *Public Sex. The Culture of Radical Sex*. Pittsburg: Cleis Press.
Deckha, M. (2011). Pain as culture: A postcolonial feminist approach to S/M and women's agency. *Sexualities, 14*(2), 129–150.
Deforges, R. & Réage, P. (1979). *Confessions of O. Conversations with Pauline Réage*. New York: Viking Press.
Downing, L. (2012). *What is »sex critical« and why should we care about it?* http://sexcritical.blogspot.co.uk/2012/07/what-is-sex-critical-and-why-should-we.html (11.11.2012).
Downing, L. (2013). Safewording! Kinkphobia and gender normativity in Fifty Shades of Grey. *Psychology & Sexuality, 4*(1), 92–102.
Dymock, A. (2011). But femsub is broken too! On the normalisation of BDSM and the problem of pleasure. *Psychology & Sexuality, 3*(1), 1–15.
Fowles, S. M. (2008). The fantasy of acceptable »non-consent«: Why the female sexual submissive scares us (and why she shouldn't). In J. Friedman & J. Valenti (Hrsg.), *Yes Means Yes. Visions of Female Sexual Power and a World Without Rape* (S. 117–125). Berkeley: Seal Press.
French, N. (2007). *Killing Me Softly*. London: Penguin.
Gold, T. (2012). *Twilight is not feminist: It's female masochism*. http://www.guardian.co.uk/commentisfree/2012/nov/16/twilight-not-feminist-sado-masochism (17.11.2012).
Hall, D. E. (2009). *Reading Sexualities. Hermeneutic Theory and the Future of Queer Studies*. New York: Routledge.
Harman, S. (2012). Returning to Roissy: Just Jaeckin and Kink.com's adaptations of the Story of O. In *Cine.excess VI conference, London* (25. Mai).
James, E. L. (2011). *Fifty Shades of Grey*. London: Arrow.
Kustritz, A. (2008). Painful pleasures: Sacrifice, consent, and the resignification of bdsm symbolism in the story of o and the story of obi. *Transformative Works and Cultures 1*. http://journal.transformativeworks.org/index.php/twc/article/view/31/66 (14.11.2012).
Meyer, S. (2005). *Twilight*. London: Atom.
Meyer, S. (2006). *New Moon*. London: Atom.
Meyer, S. (2007). *Eclipse*. London: Atom.
Meyer, S. (2008). *Breaking Dawn*. London: Atom.
Mosley, W. (2007). *Killing Johnny Fry. A Sexistential Novel*. London: Bloomsbury.
Newmahr, S. (2011). *Plaing on the Edge. Sadomasochism, Risk, and Intimacy*. Bloomington: Indiana University Press.
Réage, P. (1972 [1954]). *Story of O*. London: Corgi.
Roiphe, K. (2012). *Spanking goes Mainstream*. http://www.thedailybeast.com/newsweek/2012/04/1/working-women-s-fantasies.html (02.11.2012).
Roquelaure, A. N. (Anne Rice) (2012a). *Claiming of Sleeping Beauty*. London: Sphere.
Roquelaure, A. N. (Anne Rice) (2012b). *Beauty's Punishment*. London: Sphere.
Roquelaure, A. N. (Anne Rice) (2012c). *Beauty's Release*. London: Sphere.
Rubin, G. (2011 [1984]). Thinking Sex: Notes for a radical theory of the politics of sexuality. In G. Rubin (Hrsg.), *Deviations. A Gayle Rubin Reader* (S. 137–183). Durham: Duke University Press.

Shainberg, S. (Regisseur) (2002). *Secretary* [Spielfilm-DVD]. Santa Monica: Lions Gate Films.
Sontag, S. (2002 [1974]). Fascinating Fascism. In S. Sontag, *Under the Sign of Saturn* (S. 73–106). New York: Picador.,
The Upper Floor (2012). Real Slave Training 24/7. http://www.theupperfloor.com/site/liveshows.jsp?x=2 (11.11.2012).
Weinberg, T. S. & Magill, M. S. (1995). Sadomaschistic themes in mainstream culture. In T. S. Weinberg (Hrsg.), *S&M. Studies in Dominance and Submission* (S. 223–230). Amherst: Prometheus Books.
Weiss, M. (2006). Mainstreaming Kink: The politics of BDSM representation in US popular media. In P. Kleinplatz & C. Moser (Hrsg.), *Sadomasochism. Powerful Pleasurs. Binghampton* (S. 103–132). NY: Harrington.
Weiss, M. (2011). *Techniques of Pleasure. BDSM and the Circuits of Sexuality.* Durham: Duke University Press.
Wilkinson, E. (2009). Perverting visual pleasure: Representing sadomasochism. *Sexualities, 12*(2), 181–198.

Fifty Shades of Sadomasochism

Die erotische Bestsellertrilogie *Fifty Shades of Grey* und der gesellschaftliche Stellenwert von Sadomasochismus

Sibylle Schulz

2014 jährte sich der Todestag von Donatien Alphonse François de Sade, dem berühmt-berüchtigten Marquis de Sade, zum 200. Mal. Er galt als absonderlicher Zeitgenosse, dem nichts heilig war, als Perverser, der ein lasterhaftes und ausschweifendes Leben führte, als Monster gar, dessen Werke verboten wurden (vgl. Reinhardt, 2014). Die Schriften und das vermeintliche Leben de Sades ließen den Arzt und Psychiater Richard von Krafft-Ebing den Begriff des »Sadismus« im wissenschaftlichen Diskurs verankern (vgl. Krafft-Ebing, 2005 [1893], S. 57). 20 Jahre später schuf der Wiener Psychoanalytiker Isidor Sadger aus »Sadismus« und »Masochismus« – Krafft-Ebings Bezugnahme auf den österreichischen Schriftsteller Leopold von Sacher-Masoch, den Verfasser der *Venus im Pelz* (1870) – den Begriff des »Sadomasochismus« (vgl. Sadger, 1913, S. 157).

2015 kam die Verfilmung des ersten Bandes der Bestsellertrilogie *Fifty Shades of Grey* (auf Deutsch: *Shades of Grey. Geheimes Verlangen*) zum Valentinstag in die Kinos. Die Verführung der jungen, hübschen, unschuldigen Studentin Ana durch den ansehnlichen Protagonisten Christian Grey, den ein düsteres Geheimnis umgibt und der eine Schwäche für sadomasochistische Sexualpraktiken hegt, lockte weltweit ein Millionenpublikum an die Kinokassen (vgl. Media Control, 2015). Nach 200 Jahren wird Sadomasochismus nicht mehr durch den Marquis mit der Peitsche – den Antipoden sowohl royalistischer als auch bürgerlicher Moralvorstellungen – verkörpert, sondern durch den jugendlichen Mädchenschwarm und Traumprinzen Grey. Lässt sich daraus schließen, dass die einstige Perversion nun zu einer sexuellen Präferenz des Mainstreams geworden ist? Und welche Rolle spielt dabei *Shades of Grey*?[1]

---

1 Im Folgenden sollen erste Ergebnisse der Analyse einiger im Rahmen einer Dissertation gefertigten Leitfadeninterviews referiert werden. Dabei wird, um eine bessere Lesbarkeit

Shades of Grey und SM

2011 erschien bei einem kleinen, unabhängigen Verlag in Australien der erste Band *Fifty Shades of Grey*, nachdem die Autorin E. L. James unter dem Pseudonym »Snowqueen's Icedragon« im Internet bereits eine frühere Version mit anderen Figuren unter dem Titel *Master of the Universe* veröffentlicht hatte (vgl. James, 2012a). Es folgten *Fifty Shades Darker* und *Fifty Shades Freed*. Im August 2012 erschien die deutschsprachige Fassung des ersten Bandes unter dem Titel *Shades of Grey. Geheimes Verlangen*. Im November desselben Jahres veröffentlichte der Goldmann Verlag Teil zwei und drei unter den Titeln *Shades of Grey. Gefährliche Liebe* und *Shades of Grey. Befreite Lust* (vgl. James, 2012a, 2012b, 2012c). Die Erotik-Trilogie wurde zum millionenfachen Bestseller: Im Februar 2014 erreichte der weltweite Verkauf die 100-Millionen-Marke (vgl. dpa, 2014). Kurz vor dem Valentinstag 2015 lief die Verfilmung des ersten Teils gut vermarktet und unter großem Zuschauerinteresse weltweit in den Kinos an (vgl. Schröder, 2015). Die Bücher erzählen die Geschichte der 21-jährigen Studentin Anastacia Steele (Ana), die sich in den nur wenig älteren Milliardär Christian Grey verliebt. Sie – hübsch, sexuell komplett unerfahren, schüchtern und etwas linkisch. Er – attraktiv, unnahbar und mit einem dunklen Geheimnis versehen, seiner Vorliebe für SM-Sexualpraktiken. Christian ist zunächst bestrebt, Ana als submissive Partnerin für eine SM-Beziehung zu gewinnen, die Form, in der er seine bisherigen Beziehungen gelebt hat. Ana in ihrer Verliebtheit versucht hin und hergerissen, sich mit einigen Vorbehalten darauf einzulassen. Im Verlauf der Geschichte merkt Christian, dass auch er sich in Ana verliebt hat und sie nicht nur dominieren möchte. Nach zahlreichen, teilweise sehr expliziten Sexszenen (vgl. z. B. James, 2012a, S. 128ff.) und verschiedenen dramaturgischen Wendungen ist am Ende von Band drei aus den beiden Protagonisten ein glückliches (Ehe-)Paar geworden, das ein zweites Kind erwartet.

Neben heterosexueller Kohabitation und Oralverkehr werden ausgehend vom formalen Element eines SM-Vertrages zwischen dominantem und submissivem Partner, in dem auch die jeweiligen Grenzen vereinbart werden, den Lesern verschiedenste SM-Praktiken bekannt gemacht und näher gebracht (vgl. James, 2012a, S. 186ff.). Diese Art des Vertrages zwischen SM-Partnern wird in SM-Beziehungen oft nur implizit/mündlich realisiert (vgl. Grimme, 2004 [1996], S. 108f.). Darin wird die auf Überordnung/Unterordnung beruhende Natur ei-

---

zu gewährleisten, auch wenn beide Geschlechter gemeint sind, ausschließlich die männliche Genusform verwendet.

ner SM-Beziehung, die in Unterwerfung und Gehorsam eines Partners resultiert, ebenso wie die Verfügungsgewalt des anderen Partners zum Ausdruck gebracht. Ana soll laut Vertrag Christian als »ihren Herrn und Meister« akzeptieren (James, 2012a, S. 191). Ihre Reaktionen auf diese für sie neuen Regeln und Praktiken sind ambivalent. Beim Anblick von Christians »Spielzimmer« (ebd., S. 112), das mit Vorrichtungen zur Fesselung und Fixierung wie einem Andreaskreuz, Gerätschaften zur Flagellation, einem Bett und einer Couch in einer »Kombination aus Boudoir und elisabethanischer Folterkammer« (ebd., S. 116) eingerichtet ist, fühlt sich Ana »ins sechzehnte Jahrhundert zurückversetzt, zur Spanischen Inquisition« (ebd., S. 112). In ihrem inneren Monolog findet Ana für Christian die Bezeichnungen »Monster« (ebd., 127) oder »perverser Freak« (ebd., S. 114). Hinsichtlich Bondage jedoch konzediert sie eine lustvolle Komponente – »Und das war [...] heiß, richtig heiß, also wird's möglicherweise gar nicht übel« (ebd., S. 197). In einer »Hard Limits«-Liste werden einige sadomasochistische Sexualpraktiken genannt, die beide Protagonisten ausschließen. Hierunter fallen Praktiken wie Urophilie/Urolagnie[2] und Koprophilie/Koprolagnie[3] oder Asphyxiation/Atemkontrolle[4]. Eine »Soft Limits«-Liste führt Praktiken auf, die von beiden Seiten auszuhandeln sind, Beispiel: Brustwarzen- und Genitalklemmen oder diverse Fesselvarianten (vgl. ebd., S. 195ff.). Auch nur diese werden im weiteren Verlauf der Bücher beschrieben (vgl. z. B. ebd., S. 423ff., 569ff.; James, 2012b, S. 544ff.). Insgesamt ambivalent ist in den Romanen zudem die Darstellung einer SM-Neigung im Allgemeinen. Einerseits erscheint Christians Vielschichtigkeit als reizvoll: »Christian mit all seinen Facetten: einerseits dieser rührend zärtliche Mann, andererseits die Dom-Seite« rührt Ana zutiefst (James, 2012b, S. 557). Sie kommt auch nicht umhin einzugestehen, dass sie dem Schmerz eine lustvolle Komponente abgewinnen kann: »Es gelingt mir, den Schmerz zu ertragen. Mehr noch, in gewisser Weise ist er sogar [...] schön« (James, 2012a, S. 425). Überdies wird die eigentliche Machtposition des die Grenzen festlegenden submissiven Parts in einer SM-Beziehung herausgearbeitet (vgl. ebd., S. 465).

---

2   »Paraphilie, bei der der Lustgewinn aus der Beschäftigung mit Urin entsteht« (Hoffmann, 2003, S. 414).
3   »Paraphilie, bei der der Lustgewinn aus der Beschäftigung mit Kot entsteht« (ebd., S. 229).
4   »Kontrollierte kurzzeitige bzw. partielle Behinderung des Atmens beim passiven Partner, um die Zirkulation des Blutes zum Gehirn für einige Sekunden zu verhindern. Solchermaßen eingeschränkte Atmung führt zu einem Ansteigen des Kohlendioxidgehaltes im Blut sowie des Adrenalinspiegels und zudem zu einer Hypoxie (einem Sauerstoffmangel) in den Lungen. Alle diese Faktoren tragen dazu bei, Euphorie und sexuelle Lust zu erzeugen« (ebd., S. 19).

Andererseits wird Christians Neigung in Beziehung gesetzt mit traumatischen Erfahrungen, die der adoptierte Christian als kleines Kind mit seiner leiblichen, drogenabhängigen Mutter hatte, und mit der Verführung und Erziehung zum Sub durch eine Freundin seiner Adoptivmutter im Alter von 15 Jahren (vgl. ebd., S. 173f.). Dies verleiht seiner Vorliebe für sadomasochistische Sexualpraktiken eine gewisse Anmutung des Pathologischen.

SM als Perversion? – Fragestellung und Methode

Im wissenschaftlichen Kontext werden mittlerweile statt von »Perversion« zu sprechen die Begriffe der »Paraphilie«, der »sexuellen Devianz« und der »sexuellen Abweichung« verwendet. Für die einstige Perversion Sadomasochismus gilt, dass diese nur noch unter bestimmten Voraussetzungen als Paraphilie und damit als behandlungsbedürftig erachtet wird. Bedingung ist, dass der Betroffene unter dem von der Norm abweichenden Verhalten leidet und/oder es im Leben des jeweiligen zu bedeutsamen Beeinträchtigungen führt und/oder es mit nicht einverstandenen Personen ausgeführt wird (vgl. Fiedler, 2004, S. 181ff.; Hammelstein & Hoyer, 2011, S. 1088). Dabei bedeutet Leiden unter dem abweichenden Verhalten nicht zwingend, dass die Sexualpräferenz selbst das Leiden verursacht. Das Leid und die Beeinträchtigungen können auch gesellschaftlich bedingt sein und von der Ablehnung der Gesellschaft herrühren (vgl. Fiedler, 2004, S. 185).

Umgangssprachlich findet der Perversionsbegriff nach wie vor Verwendung. Der *Duden* listet unter »pervers« folgende Bedeutungen: »1. (besonders in sexueller Beziehung) als widernatürlich empfunden 2. (umgangssprachlich, oft emotional übertreibend) die Grenze des Erlaubten überschreitend, unerhört, schlimm; absurd, höchst merkwürdig« (Duden, 2015). Wie sieht dies hinsichtlich sadomasochistischer Sexualpräferenzen aus? Sind diese in der Gesellschaft noch immer mit dem Etikett und Werturteil »pervers« versehen? Betrachtet man die Medienberichterstattung – die jüngste Vergangenheit eingeschlossen –, dann lässt dies durchaus auf ein gewisses mediales Skandalisierungspotenzial einer SM-Neigung schließen. So machte der bayrische FDP-Politiker Hans Müller 2013 unfreiwillig Schlagzeilen, als seine SM-Neigung kurz vor der Landtagswahl durch anonyme Briefe an diverse Zeitungsredaktionen enthüllt wurde (vgl. Seitz, 2013). Negative Konsequenzen können sich ebenso für Nicht-Prominente ergeben. Ein »Notfallplan« verschiedener SM-Stammtische und anderer SM-Interessierter/Praktizierender nennt beim (Zwangs-)Outing zusätzlich zur emotionalen Bürde beispielhaft Kündigung des Jobs oder Abmahnung, Mobbing im privaten oder beruflichen Kontext oder Entzug des Sorgerechts für die Kinder (vgl. Aktion Notfallplan, 2015). Auch bei der Berichterstattung über *Shades of Grey* standen der Nachrichtenwert und das Skandalisierungspotenzial von »SM« im Mittelpunkt – wenn von *Shades of Grey* berichtet wurde, dann als »SM-Roman« (tagesspiegel.de, 2012), »Sado-Maso-Roman[...]« (stern.de, 2012) oder »Skandal-SM-Roman« (Gast, 2012). Demgegenüber stehen jedoch der millionenfache Verkaufserfolg und Millionen an Rezipienten, die *Shades of Grey* gebannt fesselte. Was bedeutet dies nun mit Blick auf die Sexualpräferenz Sadomasochismus? Ist *Shades of Grey* ein Beleg dafür, dass wir in der westlichen Welt in einer Ära der »Neosexualitäten« (Sigusch, 2005), der multiplen, individuell verschiedenen Sexualitäten leben? Ist auf Grundlage einer »Konsensmoral« (Sigusch, 2013, S. 410ff.) oder »Verhandlungsmoral« (Schmidt, 1996) – d. h. wenn wechselseitig ausgehandelt – alles möglich? Zählt SM womöglich zum Mainstream? Und welchen Anteil hat *Shades of Grey* daran?

Methodisch soll sich dem Thema qualitativ in offener Herangehensweise mit flexiblen Leitfadeninterviews genähert werden. Eine eigene, auf einer schriftlichen Befragung basierende Vorstudie (vgl. Schulz, 2015) legt Bedenken nahe, dass in der schriftlichen Befragungssituation wichtige Gesichtspunkte, die dem Forschenden vorab nicht bekannt sind, außen vor bleiben. Zudem soll die interaktive Dynamik der Gesprächssituation genutzt werden. Ziel ist es, neben Antworten beispielsweise den Bezugsrahmen der Befragten zu erfassen bzw. Einblick in Relevanzstrukturen und Erfahrungshintergründe zu erhalten (vgl. Schnell et al., 2011, S. 379f.). Der Leitfaden ist unterteilt in die Themenkomplexe »SM und Sexualität im Allgemeinen«, »SM und Gesellschaft« sowie »*Shades of Grey*«. Besonderes Augenmerk wird noch darauf gelegt, dass im Gegensatz zu anderen Arbeiten über das Phänomen Sadomasochismus (z. B. Wetzstein et al., 1993; Wagner, 2014) medienwissenschaftliche Aspekte – die Rolle von *Shades of Grey* – im Rahmen dieser Arbeit stärker berücksichtigt werden sollen. Außerdem umfasst der Befragtenkreis nicht nur SM-Praktizierende, sondern Menschen jeglicher sexuellen Orientierung – ebenfalls in Abgrenzung zu den meisten anderen Arbeiten.

Die Leitfadeninterviews

Im Folgenden sollen einige erste Ergebnisse und Eindrücke aus Leitfadeninterviews referiert werden, die im Rahmen einer Dissertation geführt wurden.

Explorativ werden alle bisher geführten Interviews herangezogen, mit Belegstellen aufgeführt werden lediglich die folgenden vier Gespräche:
➤ Gespräch 1: Weiblich, 40 Jahre, ausgesprochener *Shades-of-Grey*-Fan, Erfahrung mit SM-Erotik, verheiratet, bisexuell, Hauptschulabschluss und Berufsausbildung.
➤ Gespräch 2: Weiblich, 24 Jahre, alle *Shades-of-Grey*-Romane gelesen, keine SM-Neigung, Single, heterosexuell, Hochschulabschluss.
➤ Gespräch 3: Männlich, 36 Jahre, *Shades of Grey* nicht gelesen/gesehen, keine SM-Neigung, Single, heterosexuell, Hochschulabschluss.
➤ Gespräch 4: Männlich, 59 Jahre, *Shades of Grey* nicht gelesen/gesehen, SM-Neigung, besonders Spanking[5], Single, heterosexuell, Hochschulabschluss.

Shades of Grey

Nichts von *Shades of Grey* mitbekommen zu haben, scheint beinahe unmöglich. Auch nicht an erotischer Literatur bzw. Filmen Interessierte wurden medial oder via interpersonaler Kommunikation erreicht.

»Ich hab' davon im Fernsehen und durch Werbung mitgekriegt. [...] Die Mädels haben natürlich immer darüber gesprochen. Es hat irgendetwas mit Dominanz zu tun« (Gespräch 3).

Nicht nur die Mundpropaganda, sondern auch das Label »SM« verführte zum Lesen:

»SM, die schwarze Seite, das Verruchte [...] wo man eigentlich nicht drüber spricht [...] so diese ganzen Praktiken, das war dieses Spannende, das Dirtymäßige [...] Neugier, wie jemand über so ein Thema schreibt« (Gespräch 2).

Damit werden auch frühere eigene Ergebnisse bestätigt (vgl. Schulz 2015). Als durchaus dem millionenfachen Verkaufserfolg von *Shades of Grey* angemessen wird der Umfang der medialen Berichterstattung darüber erachtet. Zwischen

---

5 »Das Verpassen leichter Schläge, insbesondere auf den (entblößten) Hintern, aber auch auf Rücken und Schenkel, um dadurch bei beiden Partnern sexuelle Lust zu erzeugen« (Hoffmann, 2003, S. 378). Verwendung verschiedenster Schlaginstrumente, inklusive Rohrstock und Peitsche, obwohl es dafür auch differenzierte Begriffe gibt (vgl. ebd.).

Band eins und den beiden Folgebänden wird jedoch ein merklicher Spannungsabfall konstatiert. Die Personenkonstellation der unerfahrenen Ana und des wenig älteren Milliardärs Christian wird als nicht realistisch eingeschätzt:

> »Was unrealistisch ist, ist, dass er jetzt Millionär ist, eine Firma, oder Milliardär, das ist natürlich sehr überspitzt, die kleine Püppi-Studentin, die nix hat und diesen Milliardär kennenlernt« (Gespräch 2).

Zum Verhältnis Ana – Christian wird zudem noch geäußert:

> »Außerhalb vom Spielzimmer oder außerhalb vom Schlafzimmer dominiert Christian überhaupt nicht Ana, sondern ganz im Gegenteil, aus meiner Sicht eher anders rum« (Gespräch 1).

SM und Sexualität im Allgemeinen

Eine ungefähre Ahnung von der Bedeutung von Sadomasochismus ist in der Bevölkerung vorhanden, auch wenn die Herkunft des Begriffes nicht ganz klar ist. Die Person des Marquis de Sade ist deutlich bekannter als der weitgehend unbekannte Sacher-Masoch. Das Verständnis von SM, das SM-Praktizierende und Nicht-SM-Praktizierende haben, scheint gar nicht so wesentlich zu differieren. Dominanz und Unterwerfung, Lust und Schmerz werden aufgeführt. Eine erotische Bedeutung wird SM auch von Leuten, die wenig oder keine Berührungspunkte damit haben, nicht abgesprochen (vgl. z. B. Gespräch 3). Zwei Aspekte, die den SMlern[6] so bedeutsam sind, dass sie teilweise noch vor Erotik und Lust genannt werden, sind Vertrauen und Verantwortung. Ebenso wie die Freiwilligkeit der Beteiligten.

> »Also man braucht auf jeden Fall viel Vertrauen. [...] Man hat viel Verantwortung als dominante Seite gegenüber der unterwerfenden Seite« (Gespräch 1).

> »Die Lust am – also für den passiven Teil – sich zu erniedrigen, sich auszuliefern, Schmerzen zu ertragen. Und für den aktiven Teil, das jemandem zu geben oder von jemandem zu nehmen. Jemanden anderen erniedrigen, Schmerzen zuzufügen. Aber nur jemandem, der das will, alles andere wär' tabu« (Gespräch 4).

---

[6] In der Selbstbeschreibung von SM-Praktizierenden häufig gebrauchte Bezeichnung, im Folgenden synonym mit »SM-Praktizierender« gebraucht.

Das Gegensatzpaar »normal« – »pervers« ist für sexuelle Vorlieben nach wie vor in Gebrauch. Die jeweilige Kategorisierung ist jedoch jeweils sehr individuell. So ist für manche Nicht-SM-Praktizierende Fesselung aktiv oder passiv ein definitives No-Go mit Nähe zur Abartigkeit, für andere Nicht-SMler zählt Fesseln nicht einmal zu SM.

> »So ein bisschen Fesselspiele, aber das ist ja noch kein richtiges SM. [...] Diese normalen Spielchen, so fesseln oder so ein bisschen schlagen, das ist jetzt ja auch kein SM« (Gespräch 2).

Dass beim »normalen« Sex Über- und Unterordnung ebenfalls eine Rolle spielen, darauf verweisen Aussagen der SM-Praktizierenden.

> »Wenn ich vom normalen Blümchensex ausgeh', wenn ich die Missionarsstellung habe, dann ist der Mann oben und dominiert und wenn ich dann in Reitposition übergeh', dann ist die Frau oben und dominiert im normalen Sex und bestimmt den Rhythmus« (Gespräch 1).

Innerhalb des breiten Spektrums sadomasochistischer Sexualpraktiken ist der Perversionsbegriff auch bei SM-Praktizierenden im Sprachschatz und Denken verankert, wenn auch mit zwiespältigen Gefühlen.

> »Also man muss ehrlich sagen, man ist versucht, man ist trotzdem als Insider versucht, das eine oder andere als pervers zu sehen, aber sofort kommt der Gedanke, nein, das darfst du nicht, es gibt welche, die würden auch mich als pervers betrachten« (Gespräch 4).

Zur Bezeichnung von gesetzlich verbotenen sexuellen Neigungen und Praktiken wie Sodomie und Pädophilie benutzen SM-Praktizierende eher Begriffe wie »tabu« oder »abartig« und nicht den Perversionsbegriff. Die Verbindung von »pervers« zu »pathologisch«, »krankhaft« bleibt allerdings erhalten.

> »Pervers ist so ein Begriff, jeder hat ja so seine Vorlieben, aber diese krassen Sachen halt, das hat irgendwas mit der Psyche zu tun« (Gespräch 2).

SM und Gesellschaft

SM-Praktizierende sehen ihre Neigung in der Gesellschaft geduldet, teilweise akzeptiert, dabei den Umstand des einvernehmlichen Tuns betonend.

>»So ganz allgemein gesagt, würde ich sagen, die Gesellschaft sieht das als was Nichtalltägliches, teilweise sieht man es vielleicht noch als etwas pervers an, in letzter Zeit wird es wohl etwas salonfähiger. Ich denke, dass es eine ganze Reihe von Leuten gibt, die mittlerweile so denken, ok, wenn jemand die Neigung hat und es für und mit anderen im Einvernehmen auslebt, sollen sie es machen« (Gespräch 4).

Die Haltung der Gesellschaft gegenüber SM wird in Großstädten wie Berlin positiver erachtet als in ländlichen, konservativen Gegenden. Dass *Shades of Grey* und dessen Erfolg zu mehr Anerkennung beigetragen haben, wird sowohl von SM-Praktizierenden als auch von Nicht-SMlern so empfunden.

>»[...] und das empfinde ich auch so, dass das ein Stück dazu beigetragen hat, dass das Thema jetzt ein bisschen offener wird, dass das nach vorne getragen wird« (Gespräch 4).

>»Jetzt ist das vielleicht aber auch ein bisschen modern, ein bisschen hip halt, vielleicht auch aufgrund des Erfolgs von diesem Buch oder diesem Film« (Gespräch 3).

>»[D]ass die Leute ein bisschen umdenken. Dass das dann eben doch nicht so schlimm ist. Ist halt eine Neigung« (Gespräch 1).

Auf den Einzelfall bezogen allerdings fällt die Frage der Akzeptanz differenzierter aus.

>»Wobei, wenn es soweit kommt, [...] wenn in meinem Bekanntenkreis jemand über mich das erfahren würde, dann könnte ich mir vorstellen, dass die mich jetzt nicht alle einfach so weiter so akzeptieren wie bisher, dann würden vielleicht schon welche mit dem Finger auf mich zeigen hinter vorgehaltener Hand und sagen, der macht das« (Gespräch 4).

Hinsichtlich der medialen Darstellung von SM beklagen SM-Praktizierende oft die dargestellten Klischees, Nicht-SMler vermuten in der Darstellung häufig Klischeehaftigkeit.

»Oberflächlich war es auf jeden Fall, aber auch mit negativem Beigeschmack, da kam das Bemühen nicht heraus, dass man mal näher hinschaut« (Gespräch 4).

»[I]ch weiß nicht, ob das stimmt, aber es wirkt sehr klischeehaft, einer rennt da immer rum, der komplett in Leder ist, mit dem Ball im Mund da, so Pulp Fiction Style und es gibt immer dieses komische Kreuz und einen Käfig gibt es immer. Und ja. Es wirkt sehr klischeehaft. Dass es da sicherlich Unterschiede gibt, kann ich mir vorstellen, aber welche, in welcher Form, schwierig« (Gespräch 3).

Diskussion der Ergebnisse und Ausblick

Zur Interpretation wurden alle bisher im Rahmen der Dissertation geführten Interviews herangezogen,[7] Belegstellen wurden aber nur aus vier näher analysierten Gesprächen ausgewiesen. Eine Verallgemeinerbarkeit ist nicht gegeben, jedoch wird in Orientierung an der Grounded Theory und deren Theoretical Sampling versucht, möglichst unterschiedliche Gesprächspartner in Bezug auf Geschlecht, Alter, SM-Neigung ja/nein, Rezeption von *Shades of Grey* ja/nein, sexuelle Orientierung, Beziehungsstatus und Bildung zu finden (vgl. Glaser & Strauss, 2010 [1967], S. 61ff.). Die Bereitschaft der Teilnehmer, an einem Gespräch teilzunehmen, das Sadomasochismus bzw. Sexualität im Allgemeinen zum Thema hat, lässt auf eine gewisse Offenheit hinsichtlich dieser Themen schließen – auch wenn die Teilnehmer sich nur teilweise freiwillig meldeten, das heißt selbst rekrutierten.[8] Daneben muss das Problem der sozialen Erwünschtheit der Antworten berücksichtigt werden, dessen Relevanz in einem Face-to-face-Interview mutmaßlich größer ist als beispielsweise bei einer schriftlichen Befragung.

Die ersten vorliegenden Ergebnisse der geführten Leitfadeninterviews deuten darauf hin, dass die Romantrilogie *Shades of Grey* und die mediale Thematisierung von SM, die diese nach sich zog, zu mehr Bewusstheit hinsichtlich sadomasochistischer Sexualpraktiken und vielleicht sogar zu mehr gesellschaftlicher Anerkennung geführt haben. Letzteres wird von den Befragten vermutet, im Falle der SM-Praktizierenden mitunter sogar gehofft. Dies kann als Beleg dafür gesehen werden, dass aus der einstigen Perversion Sadomasochismus eine von unzähligen »Neosexualitäten« geworden ist (vgl. Sigusch, 2008, S. 67ff.), deren Rahmen und Grenzen zwischen den Sexualpartnern im Sinne einer Verhand-

---

7 Stand November 2015: Elf geführte Interviews.
8 Siehe auch Kritik an den Arbeiten Alfred Kinseys (vgl. Michael, 1994, S. 31ff.).

lungsmoral ausgehandelt werden. Die Pathologisierung von sadomasochistischen Sexualpraktiken und -neigungen ist aber nicht verschwunden, ebenso wenig wie die Etikettierung als »pervers«. SM-Praktizierende selbst zeigen eine gewisse Sensibilisierung bezüglich des Perversionsbegriffes und bedienen sich bei der Abgrenzung zu nicht akzeptablen Neigungen anderer Begrifflichkeiten.[9] Nach wie vor stoßen viele SM-Praktiken wie beispielsweise Urophilie auf Ablehnung und Unverständnis. So scheint die »Normalisierung« nur einen kleinen Teil der SM-Spielarten zu umfassen. Dabei entspricht das Spektrum der normalisierten Praktiken – Fesselspiele und leichtes Spanking – weitgehend dem Repertoire der in *Shades of Grey* vorgestellten Praktiken: SM à la Christian Grey en vogue. Der Marquis bleibt außen vor und erhält von manchem Zeitgenossen Greys kein besseres Urteil als von vielen seiner eigenen Zeitgenossen: »Er [de Sade] war einfach nur ein sexuell-überdrehter Psychopath«; »Das Beste, was de Sade passieren kann, ist, dass man ihn vergisst« (Kommentare zu Schwartz, 2014). Die Konsolidierung der Ergebnisse wird Aufgabe des weiteren Verlaufs der Dissertation sein.

---

9 Diese Ausgrenzung betrifft nicht nur gesetzwidrige Neigungen.

Literatur

Aktion Notfallplan (2015). *SM-Outing.* http://www.sm-outing.de (29.10.2015).
Deutsche Presseagentur (2014). Shades of Grey mehr als 100 Millionen Mal verkauft. http://www.sueddeutsche.de/news/kultur/literatur-shades-of-grey-mehr-als-100-millionen-mal-verkauft-dpa.urn-newsml-dpa-com-20090101-140227-99-08142 (02.11.2015).
Duden (2015). *pervers.* http://www.duden.de/rechtschreibung/pervers (10.11.2015).
Fiedler, P. (2004). *Sexuelle Orientierung und sexuelle Abweichung: Heterosexualität – Homosexualität – Transgenderismus und Paraphilien – sexueller Missbrauch – sexuelle Gewalt.* Weinheim: Beltz.
Gast, N. (2012). Wie im Skandal-SM-Roman »Shades of Grey«. Was fasziniert an Fesselspielen? http://www.bild.de/ratgeber/partnerschaft/erotische-literatur/shades-of-grey-faszination-fesselspiele-macht-demuetigung-sex-25086600.bild.html (10.11.2015).
Glaser, B. G. & Strauss, A. L. (2010 [1967]). *Grounded Theory. Strategien qualitativer Forschung* (3., unver. Aufl.). Bern: Huber.
Grimme, M. T. J. (2004 [1996]). *Das SM-Handbuch.* Hamburg: Charon.
Hammelstein, Ph. & Hoyer, J. (2011). Sexuelle Störungen. In H. U. Wittchen & J. Hoyer (Hrsg.), *Klinische Psychologie & Psychotherapie.* (2., überarb. u. erw. Aufl.) (S. 1083–1100). Berlin: Springer.
Hoffmann, A. (2003). *SM-LEXIKON. Der Inside-Führer zum Sadomasochismus: Praktiken, Personen, Literatur, Film, Philosophie und vieles mehr.* Berlin: Schwarzkopf & Schwarzkopf.
James, E. L. (2012a). *Shades of Grey. Geheimes Verlangen.* München: Goldmann.
James, E. L. (2012b). *Shades of Grey. Gefährliche Liebe.* München: Goldmann.
James, E. L. (2012c). *Shades of Grey. Befreite Lust.* München: Goldmann.
Krafft-Ebing, R. v. (2005 [1893]). *Psychopathia Sexualis. Mit besonderer Berücksichtigung der conträren Sexualempfindung. Eine klinisch-forensische Studie.* Stuttgart: Elibron Classics.
Media Control (2015). Ranking der Kinofilme mit den meisten Besuchern am Startwochenende in Deutschland im Zeitraum von 2010 bis 2015. http://de.statista.com/statistik/daten/studie/386813/umfrage/kinofilme-mit-dem-besten-startwochenende-in-deutschland/ (22.10.2015).
Michael, R. T. et al. (1994). *Sexwende. Liebe in den 90ern. Der Report.* München: Knaur.
Reinhardt, V. (2014). *De Sade oder Die Vermessung des Bösen. Eine Biographie.* München: C. H. Beck.
Sadger, I. (1913). Über den sado-masochistischen Komplex. In E. Bleuler & S. Freud (Hrsg.), *Jahrbuch für psychoanalytische und psychopathologische Forschungen* (Bd. 5; S. 157–232). Leipzip, Wien: Franz Deuticke.
Schmidt, G. (1996). *Das Verschwinden der Sexualmoral. Über sexuelle Verhältnisse.* München: Klein.
Schnell, R. et al. (2011). *Methoden der empirischen Sozialforschung* (9. Aufl.). München: Oldenbourg.
Schröder, J. (2015). *1,35 Mio. Zuschauer in Deutschland: Unfassbarer Start für »Fifty Shades of Grey«.* http://meedia.de/2015/02/16/135-mio-zuschauer-in-deutschland-unfassbarer-start-fuer-fifty-shades-of-grey/ (05.11.2015).
Schulz, S. (2015). Hausse für Peitschenlust und Fesselliebe: Sadomasochismus 2014 – von der Subkultur zum Mainstream? In J. C. Aigner et al. (Hrsg.), *Medialisierung und Sexualisierung. Vom Umgang mit Körperlichkeit und Verkörperungsprozessen im Zuge der Digitalisierung* (S. 207–229). Wiesbaden: Springer.
Schwartz, T. (2014). Wo Ekel und Kitzel nah beieinander liegen. http://www.tagesspiegel.de/

kultur/sadismus-200-todestag-des-marquis-de-sade-wo-ekel-und-kitzel-nah-beieinander-liegen/11054510.html (06.01.2016).

Seitz, J. (2013). Liberal, bis es wehtut. http://www.focus.de/politik/deutschland/tid-34242/report-liberal-bis-es-wehtut_aid_1127691.html (29.10.2015).

Sigusch, V. (2005). *Neosexualitäten. Über den kulturellen Wandel von Liebe und Perversion.* Frankfurt/M.: Campus.

Sigusch, V. (2008). *Geschichte der Sexualwissenschaft.* Frankfurt/M.: Campus.

Sigusch, V. (2013). *Sexualitäten. Eine kritische Theorie in 99 Fragmenten.* Frankfurt/M., New York: Campus.

stern.de (2012). In Londons Sex-Shops sind die Peitschen aus. http://www.stern.de/kultur/buecher/erfolg-von-sm-roman--shades-of-grey--in-londons-sex-shops-sind-die-peitschen-aus-3962892.html (06.01.2016).

tagesspiegel.de (2012). Alice Schwarzer verteidigt SM-Roman »Shades Of Grey«. http://www.tagesspiegel.de/weltspiegel/feminismus-als-handbuch-zum-bdsm-ist-dieses-buch-garantiert-nicht-geeignet/6877782-2.html (06.01.2016).

Wagner, E. (2014). *Grenzbewusster Sadomasochismus. SM-Sexualität zwischen Normbruch und Normbestätigung.* Bielefeld: Transkript.

Wetzstein, T. A. et al. (1993). *Sadomasochismus – Szenen und Rituale.* Reinbek: Rowohlt.

Promemoria zu asynchronen sexuellen Verhalten, Triebtätersyndrom, immateriellen und rematerialisierten Fetischen, Liebe/Erotik-Dilemma

Norbert Elb

Sadomasochistische Sexualität oder SM oder – wie es seit einigen Jahren heißt – BDSM stellt sich als äußerst facettenreiches Phänomen dar. Schon diese verschiedenen Bezeichnungen scheinen dies zu implizieren. Es sollen im Folgenden einige Beobachtungen erörtert werden, die einigen dieser Facetten gerecht zu werden versuchen: (I) Über eine begriffliche Verschiebung von SM zu BDSM, (II) über einen Vorschlag zur Beschreibung von (BD)SM-Sexualität, (III) über sexuelle Hierarchien und erotisierte Gewalt, (IV) über materielle, bzw. (V) immaterielle Fetische und (VI) rematerialisierte Fetische, (VII) über die Dynamiken von (BD)SM-Beziehungen, und (VIII) über das Liebe/Erotik-Dilemma. Es wird nicht zu verhindern sein, dabei weitere Facetten zu entwickeln.

I. Eine begriffliche Verschiebung von SM zu BDSM

In einem Prozess von etwa zehn Jahren wurde im deutschen Sprachraum das, was früher mit SM bezeichnet wurde, durch BDSM abgelöst. Dies wurde durch Einflüsse der angloamerikanischen Internet-SM-Szene (heute BDSM) bewirkt: Das Akronym BDSM wird, wie in Abbildung 1 dargestellt, mit verschiedenen Bedeutungen belegt.

Mit dem Begriff SM haben sich seit den 1930er Jahren zuerst die schwule Lederbewegung (die Bewegung fetischistischer und sadomasochistischer homosexueller Männer), später auch lesbische und heterosexuelle SMlerInnen vom Begriff des Sadomasochismus abzulösen versucht. Sadomasochismus ist seit Ende des 19. Jahrhunderts als Begriff eine pathologische Konstruktion (vgl. Krafft-Ebing, 1886). Mit SM dagegen wurde versucht, sadomasochistische Verhaltensweisen einem pathologischen Diskurs zu entwinden. So hat auch der Begriff SM – im Gegensatz zu »Sadomasochismus« – für die Betroffenen zweifellos emanzipatorische Qualitäten. BDSM ist dagegen wahrscheinlich in dieser Hinsicht kein Fortschritt. Es scheint so, als würde SM im erweiterten Akronym BDSM hinter anderen, weniger diskriminierenden Begriffen quasi zurückgestellt, eingekleidet, eingerahmt werden (vgl. Califia, 1994, S. 61).

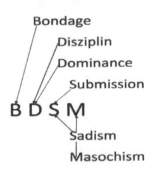

Abbildung 1

Bei *dieser* Art von Entwindung von SM geht es aber nicht mehr nur oder vorwiegend darum, sich einem pathologischen Diskurs zu entziehen – es geht gerade tendenziell um die Invisibelisierung der authentischen Beschreibung der eigenen Sexualität. Für die Zwecke wissenschaftlicher Beschreibung ziehe ich es deshalb vor, (BD)SM statt BDSM zu schreiben, einerseits um mich nicht allzu sehr von den Selbstbeschreibungskonventionen von (BD)SMlerInnen zu entfernen, andererseits um mich von den ideologischen Implikationen abzusetzen, mit denen SM im Akronym »BDSM« relativiert werden soll.

II. Ein Vorschlag zur Beschreibung von (BD)SM-Sexualität

Wie kann aber (BD)SM – trotz der sehr heterogenen Formen, die darunter verstanden werden können – als Gesamtphänomen wissenschaftlich beschrieben werden? Ich habe dazu den Vorschlag gemacht, zu untersuchen, worin sich der Diskurs über (BD)SM von dem Diskurs über sogenannten normalen Sex unterscheidet.

Seit Mitte des 20. Jahrhunderts ist in westlich geprägten Gesellschaften der dominierende Diskurs über »normalen« Sex kulturell als egalitär und synchron festgelegt. In fast jedem Kulturprodukt werden wir, sobald es eine sexuelle Interaktion vermittelt, mit zwei Stereotypen konfrontiert: Es wird zum einen eine sexuelle Interaktion zwischen zwei Menschen *verschiedenen* Geschlechts gezeigt und zum anderen scheinen die im Liebesspiel agierenden Personen fast gleichzeitig *gleiche* oder *ähnliche* Handlungen aneinander vorzunehmen. Diese Akte zielen auf eine parallele und synchrone Lustentwicklung. *Die Metapher für diese Art von Sex ist der »gemeinsame«, gleichzeitige Höhepunkt.* Bei diesem Modell stört es geradezu, dass die eine Person »fickt« und die andere Person »gefickt« wird. Es stört vor allem deshalb, weil damit die Fiktion von den identischen Empfindungen nicht aufrechterhalten werden kann. Daher wird dies bezeichnenderweise (außer bei der Pornografie) in den Produkten der Kulturindustrie meist nicht eindeutig, sondern nur symbolisch dargestellt. In der SM-Begegnung ist es offensichtlich, dass der aktive Partner bzw. die aktive Partnerin anders agiert als der passive Partner bzw. die passive Partnerin, dass folglich die PartnerInnen verschiedene Empfindungen haben müssen, dass zum Beispiel jemanden zu schlagen andere Gefühle auslöst, als geschlagen zu werden. Die Sex-Utopie ist deswegen anders: Zwischen S und M ist der gleichzeitige Höhepunkt nicht intendiert; *SM unterscheidet sich vom »normalen« Sex-Diskurs durch seine Asynchronität.* Das Spezielle an SM ist die Bedeutung von Hierarchie und/oder Gewalt und/oder machtgebenden Fetischen. *SM ist ein asynchrones sexuelles Verhalten – die Asynchronität wird durch Hierarchie, Gewalt oder Fetische hergestellt* (Elb, 2006).

Im engeren Sinne systemisch kann man formulieren: Aus einem System biologischer Sexualität lebender Wesen differenziert sich das System menschlicher Sexualität heraus. Aus diesem System differenzieren sich synchrone und asynchrone Sexualitäten. Zu den asynchronen Sexualitäten gehören neben (BD)SM auch das Interagieren von Exhibitionismus und Voyeurismus (vgl. Schenk, 1995), sexuelle Rollenspiele und bestimmte Formen von Homosexualität, wie zum Beispiel Fisten. Aus verschiedenen Formen asynchroner Sexualitäten differenziert sich (BD)SM als besondere asynchrone Sexualität aus, die sich wiederum in verschiedene Subsysteme ausdifferenziert, in denen diese Asynchronität mit Hierarchie, erotisierter Gewalt oder machtgebenden Fetischen produziert wird. Die menschliche Sexualität gewinnt durch solche Ausdifferenzierungen an Systematizität (angelehnt an Luhmann, 1987).

III. Sexuelle Hierarchien und sexualisierte Gewalt

Momente von Hierarchie und Gewalt, die in die Sexualität von (BD)SMlerInnen eingebunden sind, werden von ihnen als zu den herrschenden zivilgesellschaftlichen Normen in den westlichen Gesellschaften querstehend empfunden. In meiner Studie aus dem Jahre 2006 habe ich diesen Konflikt mit dem Begriff des Triebtätersyndroms zu fassen versucht: (BD)SMlerInnen antizipieren, dass Sie innerhalb der Gesellschaft mit sexuellen Triebtätern oder Gewalttätern verwechselt werden könnten. Es gab zwar auch schon zum Zeitpunkt meiner Studie (2003 als Dissertation eingereicht; Elb, 2006) vor etwa einem guten Jahrzehnt keine belastbaren Fakten, dass die gesellschaftlichen Reaktionen[1] tatsächlich derart problematisch waren, wie von den meisten (BD)SMlerInnen befürchtet, nichts desto trotz war die psychische Befindlichkeit einer gesellschaftlichen Diskriminierung für die Betroffenen evident. Die wissenschaftlichen Bemühungen, (BD)SM und andere sogenannte abweichende Sexualitäten aus pathologischen und medizinalisierenden Diskursen zu befreien, das Auftreten von (BD)SM in der Öffentlichkeit, gesellschaftliche Dynamiken zur Ausdifferenzierung und weitgehenden Akzeptierung alternativer Lebensformen auf verschiedensten Gebieten ließen die Überwindung dieses Triebtätersyndroms in relativ kurzer historischer Zeit erwarten. Dies ist bis zu einem gewissen Grad geschehen. Die Einpflanzung auch dieser Perversion (vgl. Foucault, 1986) in die westlichen Gesellschaften hatte sich weitgehend vollzogen.

Es muss festgehalten werden, dass es sich für die (BD)SMlerInnen zur Zeit meiner Studie so darstellte, dass sie den gesellschaftlichen Druck als eine von außen kommende Repression empfinden mussten. Das immer offenere Auftreten von (BD)SM und (BD)SMlerInnen stieß auf eine (noch) empfundene potenzielle Diskriminierung aus der Mainstream-Gesellschaft.

Elisabeth Wagner (Wagner, 2014) hat jetzt eine Arbeit über den »grenzbewussten Sadomasochismus« von (BD)SMlerInnen vorgelegt. Diese Arbeit beruht auf der Auswertung von 24 narrativen, biografisch orientierten Interviews und zeigt einen Wandel in der Auseinandersetzung von (BD)SMlerInnen mit dem normativen Diskurs der Gesellschaft. Anhand einiger knapper Interviewauszüge lässt sich Folgendes illustrieren:

> »Und dann war das für mich erst mal ganz schrecklich, mir einzugestehen, also ich bin nich nur Flagellantin und bin nich nur dominant, sondern boah ich bin ja auch sadistisch. Also das fand ich heftig. Dass mir das Spaß macht, anderen WEH zu tun.

---

[1] Wie weit (BD)SM von einer rechtlichen Pönalisierung entfernt ist, zeigt eine von Peter Kruize und Paul Gruter herausgegebene Studie für das niederländische Justizministerium (Kruize & Gruter, 2014), mit zusätzlichen Beiträgen aus Belgien, Großbritannien und meinem Beitrag für Deutschland (Elb, 2014).

Das hat ne ganze Zeit gedauert, bis ich das so für mich akzeptiert hab« (Wagner, 2014, S. 195).

»Dass man sich als Frau hinstellt und sacht, das will ich jetzt und das hast du jetzt zu tun. OHNE wenn und aber und OHNE diskutieren. Ich hab jetzt keine Lust das zu erklären, das wird jetzt einfach gemacht. Pfff. Also, da hab ich wirklich Schwierigkeiten gehabt, das so als nich gespielt rüberkommen zu lassen, sondern das wirklich *von innen auszutoben*« (ebd., S. 210).

»Für mich sicher zu sein, das ich ihn nich verletze. Ja, also die, das is, das is wahrscheinlich immer noch eine der größten Barrieren für mich, *meine innere Barriere*, jemanden, jemanden zu erniedrigen, ja, und dabei vorsichtig genug sein, ihn NICH als Person zu beschädigen« (ebd., S. 213; alle kursiven Hervorh. von mir, N. E.).

Diese (und andere) Interviewauszüge machen deutlich: Auch im Jahre 2007 scheint die untersuchte Gruppe von (BD)SMlerInnen kaum eine grundsätzliche Überwindung gesellschaftlicher (Mainstream-)Normen zu zeigen. Wenn jedoch, wie die Interviews zeigen, Normierungs- und Normalisierungsstrategien in der Auseinandersetzung mit der eigenen (BD)SM-Sexualität eine signifikante Rolle spielen, dann stellt sich die Frage, ob sich in dem Jahrzehnt, das zwischen meiner Studie und der Untersuchung von Elisabeth Wagner liegt, etwas Wesentliches verändert hat. Wenn ich das narrative Material in der Studie von Wagner adäquat interpretiere, ist es zu einer Veränderung der Qualität und zu einer Verschiebung der Richtung der Auseinandersetzung mit gesellschaftlichen Normen gekommen. Diese neue Qualität und Richtung besteht darin, dass nicht mehr Pathologisierungstendenzen und Devianzisierungsprozesse der Mainstream-Gesellschaft sozusagen von außen Rechtfertigungs- und Normalisierungsstrategien aufzwingen, sondern dass die (BD)SMlerInnen sich aus innerpsychischen Gründen in eine Selbstkonfrontation mit dominierenden gesellschaftlichen Normen involviert sehen. Siehe dazu auch die Hervorhebungen von mir in den Interviewauszügen, bei denen eindeutig auf innere Prozesse und auf die eigene Person rückbezüglich formuliert wird: »erst mal ganz schrecklich, mir einzugestehen«, »dass mir das Spass macht, anderen WEH zu tun«, »da hab ich wirklich Schwierigkeiten gehabt«, »das wirklich von innen auszutoben«, »meine innere Barriere«.

Die BDSMlerInnen sind überwiegend sozial sehr gut angepasst und in dominierende Diskurse der Mainstream-Gesellschaft (z. B. in Emanzipationsdiskurse, Selbstbestimmungsdiskurse, usw.) integriert. Sie sind in den meisten Fällen auch sozial und beruflich überdurchschnittlich positioniert. Deswegen empfinden sie die Notwendigkeit, ihr sexuelles Verhalten mit diesen gesellschaftlichen Diskursen, die sie verinnerlicht haben, kompatibel werden zu lassen[2]. Man könnte dies auch als eine Art Tanz bezeichnen, bei dem sich einige sehr nahe an Mainstream-Normen bewegen, andere hingegen sich sehr weit von Normen dieser Art entfernt zu haben scheinen. Letztlich aber beziehen sich alle Tanzfiguren irgendwie auf diese Normen. Dies geschieht weniger, weil die Mainstream-Gesellschaft es von Ihnen verlangt, sondern hauptsächlich, weil sie selbst es von sich verlangen. Es hat sich von einem intersubjektiven zu einem intrasubjektiven Prozess verschoben. Es ist nicht nur zur »Einpflanzung der Perversionen« in die postmodernen Gesellschaften gekommen, sondern auch zur Einpflanzung von gesellschaftlichen Normen der postmodernen Gesellschaft in die »Perversionen«.

IV. Materielle Fetische

Nachdem ich oben den ambivalenten Charakter diskutiert habe, den *Hierarchie* und erotisierte *Gewalt* für die (BD)SM praktizierenden Menschen hatte und immer noch hat, will ich mich jetzt mit *Fetischismus* beschäftigen (das dritte Element, mit welchem die Asynchronität dieser Sexualität realisiert werden kann). Der Aspekt des Fetischismus kommt in »BDSM« gar nicht vor, er scheint ausgeklammert zu werden.

Fetische sind aber – zum Beispiel als Leder-, Latex-, Gummi-, High-Heel- oder Fußfetischismus – offensichtlich präsent in Zusammenhang mit dem, was Menschen mit (BD)SM in eine (sexuelle) Form zu bringen versuchen. Würde im Akronym »BDSM« – das als eine Art Dachbegriff intendiert ist – noch Fetischismus integriert (vielleicht als »FBDSM« oder »BFDSM«), würde es sich noch weiter verschärfen, dass SM hinter einer ganzen Reihe anderer Begriffe fast zum Verschwinden gebracht wird. Fetischismus wird in diesem Akronym jedoch nicht berücksichtigt, sondern ignoriert.

Der Begriff Fetisch scheint in seiner Ausrichtung nicht eindeutig umrissen. Es gibt meiner Beobachtung nach zwei Arten von Fetischismus[3]: Die eine Art von Fetischismus scheint nicht – oder wenig – mit (BD)SM in Verbindung zu

---

2   Natürlich stehen immer äußere, gesellschaftliche und innere, psychische Faktoren in einem dialektischen Verhältnis oder einem Prozess, welche man mit Subjektivierungslinien in einem Dispositiv (Foucault, 1986; Deleuze, 1991) konzeptualisieren könnte. Es geht hier nur um die Hauptseite, die Hauptrichtung dieser Faktoren.
3   Ich verdanke diese Vorstellung von zwei Arten von Fetischismus Frank Taherkhani. Er studierte in Stuttgart Philosophie und schreibt an einer Promotion zum Thema Vorurteile.

stehen, während die andere mit den für (BD)SM typischen sexuellen Themen wie Macht/Ohnmachtsempfindungen zu korrelieren scheint. Es gibt nach dieser Konstruktion also einerseits einen objektgebundenen Fetischismus und andererseits einen Fetischismus, der sich auf emotionale Dispositionen bezieht, die (mit einem Fetisch) sexuell aufgeladen werden.

Diese zwei Ausrichtungen von Fetischismus lassen sich zum Beispiel am Fußfetischismus verdeutlichen. Es gibt FußfetischistInnen, welche die ästhetische Qualität von Füßen erotisieren, die Füße als Objekt erregend finden. Es gibt aber auch andere FußfetischistInnen, die Füßen »dienen«, sich »Füßen unterwerfen«, für die Füße ein machtgebender Fetisch ist. Die letztere Art von Fetischismus scheint im Gegensatz zu der ersteren mit SM zusammenzuhängen. Obwohl Fetischismus – wie (BD)SM – als asynchron empfunden werden muss, scheint bei Fetischismus nicht unbedingt ein Element von Macht mitzuschwingen. Deswegen kann man auch umgekehrt formulieren: Fetischismus changiert zwischen Polen von Macht und Nicht-Macht. Gerade aus diesem Grund – weil Fetischismus mit (BD)SM zu tun haben kann, aber auch andererseits nicht zwingend etwas mit (BD)SM zu tun haben muss – können sich diese FetischistInnen, die (BD)SMlerInnen sind, einem Diskurs über SM entwinden (noch viel wirkungsvoller als dies mit »BDSM« statt SM möglich wäre)[4]. Dadurch dass für sie die Identifizierung mit einem Fetisch im Vordergrund steht, können sie die Identifizierung mit ihrer SM-Neigung umgehen und bringen sich auf diese Weise vor konflikthaften Ambivalenzen in Sicherheit.

V. Immaterielle Fetische

Wie kann aber das Prozessieren von (BD)SM als Gesamtphänomen sexualtheoretisch erfasst werden? Wie – salopp formuliert – funktioniert (BD)SM?

Ich halte es in dieser Hinsicht für hilfreich, sich das Prozessieren oder Funktionieren sadomasochistischer Sexualität selbst als immateriellen Fetisch vorzustellen. Genauer gesagt meine ich mit diesem immateriellen Fetisch die mit (BD)SM zusammenhängenden Gefühlskonstruktionen. Dazu fallen zunächst Macht/Ohnmachtsempfindungen ein. Solche Gefühlskonstrukte können jedoch

---

4   Viele Jahre gab es in Mannheim das Szenelokal »Why not? Fetish is real«. Dahinter verbarg sich aber ein Treffpunkt von (BD)SMlerInnen. In der »Grande Opera« in Offenbach bei Frankfurt am Main finden »Fetischevents« statt, die gerade auch von (BD)SMlerInnen frequentiert werden, weil sie nichts dagegen haben, unter »Fetisch« subsumiert zu werden.

nicht auf ein einziges symbolisches Issue reduziert werden. Um dies näher zu verdeutlichen, greife ich ein Beispiel aus dem Bereich Bondage auf. So kann etwa in Verbindung mit Stahlketten oder Stahlfesseln symbolisch Unbedingtheit ausgedrückt werden oder in Verbindung mit Seilen Ver- oder Gebundenheit zum Ausdruck gebracht werden. Es kann damit aber auch Gewalt symbolisiert werden, weil sozusagen jede weitere Schlinge, die um einen Körper gelegt wird, einen Ersatz für sexualisierte Gewalt bedeuten kann. Dies sind natürlich nur Beispiele. Diese Gefühlskonstruktionen können demnach in der Praxis ganz verschiedene symbolische Formen annehmen. Sie sind jedoch stets ausgesprochen individuell.

Diese (verschiedenen) erotischen Gefühlskonstruktionen funktionieren aber wie das, was ich als immateriellen Fetisch bezeichne. Analog zum materiellen objektbezogenen Fetisch, bei dem die Sexualität bei Wegfall des Fetischs nicht funktioniert, funktioniert die (BD)SM-Sexualität nicht, wenn dieser immaterielle Fetisch wegfällt oder die Sexualität enttäuscht oder sie bleibt – für das betroffene Individuum – erstaunlich flach oder die Sexualität reduziert sich auf ein technisches Verfahren ohne sexuelle Erregung. Die materiellen Fetische, wie auch die Rituale erotisierter Gewalt oder hierarchische Settings, dienen nur dazu, diesen immateriellen Fetisch aufzuladen (vgl. Dannecker, 2006, S. 10).

Es stellt sich die Frage, ob nicht das Konzept immaterielle Fetische auch über (BD)SM hinausreicht und an anderen Sexualitäten beobachtet werden könnte. Es ist wahrscheinlich, dass sexuelles Verhalten, sexuelles Begehren und sexuelle Scripts (Gagnon & Simon, 1970; Simon, 1994), welche ein heteronormatives Mainstream-Sexualkonstrukt überschreiten, immer wie ein immaterieller Fetisch prozessieren.

VI. Rematerialisierte Fetische

Ich möchte einen – wenn auch vorläufigen – Blick auf (BD)SM in kommerziellen Studios werfen und elaborieren, inwiefern sich (BD)SM in diesen Studios von (BD)SM im nicht-kommerziellen Bereich unterscheidet – falls und soweit es sich denn unterscheidet.

Ich hatte die Gelegenheit direkt (durch persönliche Anwesenheit) und indirekt (durch Gespräche mit den dort arbeiteten Frauen) ein (BD)SM-Studio im süddeutschen Raum mehrere Monate zu beobachten. Fast alle in diesem Studio tätigen Frauen sind auch in ihrem privaten sexuellen Verhalten (BD)SM-orientiert. Im Studio arbeiten sowohl dominante Frauen als auch Frauen, welche die submissive Rolle anbieten. Das Studio gehört eher einer gehobenen Kategorie derartiger Studios an. Einige Frauen sind unter 30, die meisten Frauen sind aber 35–55 Jahre alt.

(BD)SM stellt sich im Studio in ähnlicher Weise dar wie in der nicht-kommerziellen Szene. Die asynchrone Struktur von (BD)SM trifft natürlich auch hier zu. Die submissiven »Gäste« sind teilweise vielleicht etwas extremer als in der privaten (BD)SM-Szene und die dominanten »Gäste« tendenziell etwas weniger extrem. Jedoch bleiben dies relativ kleine Unterschiede. Die Frauen haben (unabhängig von der Top- oder Sub-Position) größeren Einfluss auf die Interaktionen im Vergleich zur nicht-kommerziellen Szene.[5] Die Frauen berichten von einer Verehrung, die ihnen von den »Gästen« entgegengebracht wird, wie sie sie normalerweise in einer solchen Dosis aus privaten Beziehungen nicht kennen.

Nur wenige sozial unfähige »Gäste« würden in der nicht-kommerziellen (BD)SM-Szene keine dauerhaften Kontakte finden. Einige Männer schätzen aus Rücksicht auf ihre Ehefrau oder Hauptbeziehung oder auch aus beruflichen Gründen die Diskretion des Studios. Es gibt gelegentlich sehr junge Männer (bis 25 Jahre), welche keine private Beziehung wollen, weil sie mit den »komplizierten« Frauen nicht zurechtkommen oder sich diese nicht zutrauen und deswegen die Sexualität in einem Studio vorziehen.

Die meisten »Gäste« sind aber relativ intelligente, mindestens durchschnittlich aussehende, sozial adäquate Männer[6]. In vielen Fällen wissen die festen PartnerInnen von den Studiobesuchen und akzeptieren diese auch. Was suchen also diese Männer, die auch in der nicht-kommerziellen (BD)SM-Szene oder in anderen privaten Bereichen sexuelle PartnerInnen gewinnen könnten, in (BD)SM-Studios? Ein Hinweis könnten die Anforderungen an die dort arbeitenden Frauen sein: nicht dick, High Heels, Kleider (möglichst kurz), immer geschminkt, sorgfältig gestyltes Aussehen, die Fähigkeit zum sexuellen Reden. Die Frauen dürfen gerade keinerlei Alltagsbezug zeigen. Die »Ladys« sollen die ideale erotische Frau symbolisieren. Gerade die Dissoziation jedes Alltags, jedes außererotischen Bezugs dient dem asynchronen Charakter dieser kommerziellen sexuellen Begegnungen.

Anders als im nicht-kommerziellen (BD)SM wird der immaterielle Fetisch sozusagen rematerialisiert: Der Fetisch im kommerziellen (BD)SM ist die Frau.

---

5   Dies hängt mit dem Hausvorteil zusammen, aber auch mit den Einflussmöglichkeiten durch die Wahl des Zimmers oder durch die Auswahl der zu benutzenden Geräte und Hilfsmittel. Es hängt aber auch damit zusammen, dass die »Gäste« die Frauen als Profis sehen, deren Autorität anerkannt wird.

6   Obwohl die meisten »Gäste« männlich (und masochistisch bzw. devot) sind, nehmen zunehmend auch heterosexuelle Paare und gelegentlich auch einzelne Frauen die Dienste des Studios in Anspruch (jedoch keine Lesben).

Und damit höchst materialisiert, höchst körperlich, und möglichst völlig frei von anderen (alltagsbezogenen) Verpflichtungen, so wie es sie nur für ein paar Stunden im Studio geben kann und nicht im normalen sozialen Leben. Es wird gerade keine Partnerin gesucht, sondern der Fetisch Frau.

VII. Die Dynamiken von (BD)SM-Beziehungen

(BD)SM-Ehen, eheähnliche Partnerschaften oder langfristige sexuelle Beziehungen entwickeln ähnliche – sozusagen systemimmanente – Probleme, wie sie auch in konventionellen langfristigen sexuellen Beziehungen auftreten können[7]. Während sich die PartnerInnen mit längerer Beziehungsdauer oft emotional immer verbundener zu fühlen scheinen, nimmt sowohl die Frequenz als auch die Qualität der Sexualität ab. Während also diese systemimmanenten Strukturen langfristiger Beziehungen bei konventionellen wie auch bei (BD)SM-orientierten Paaren gleich zu sein scheinen, gibt es im Hinblick darauf, weswegen die Beziehung mit dem/der PartnerIn überhaupt eingegangen wurde, möglicherweise Unterschiede, die sich dann auch in einer unterschiedlichen Bewertung der Probleme in der Langzeitbeziehung auswirkt. So werden (BD)SM-Beziehungen meist aus explizit sexuellen Motivationen heraus geschlossen, während konventionelle Beziehungen oft nicht nur aus sexuellen Orientierungsgründen geschlossen werden. Da bei (BD)SMlerInnen die Paare meist über die sexuelle Orientierung zusammengefunden haben und sich das Paar-Sein hierüber unter Umständen stärker definiert, leiden sie mehr oder schneller unter dem quantitativen Rückgang, dem Stillstand und der qualitativen Verflachung der Sexualität. Aus diesem Grund kommt es dort früher zu Beziehungskrisen oder Trennungen.[8] Als Faustregel würde ich (trotz der Bandbreite individueller Verhaltensweisen) 30 Monate Beziehungsdauer als den Zeitpunkt prognostizieren, an dem die Entwicklung der

---

7 Eventuell gilt dies auch für andere unkonventionelle Beziehungen. Andererseits scheinen die schwule Subkultur andere, erfolgreiche Umgangsweisen mit dem hier beschriebenen Problem hervorzubringen (Trennung von Beziehung und Sex).
8 Dies wird auch von Beziehungsideologien gefördert. Während bei einer Trennung von PartnerInnen im Mainstreambereich fast automatisch die Person verantwortlich dafür gemacht wird, welche sich einem außerhalb der (Haupt-)Beziehung stehenden Menschen sexuell zuwendet, wird von (BD)SMlerInnen vorwiegend die Person verantwortlich gemacht, welche sich der Entwicklung der sadomasochistischen Sexualität entzieht. Diese völlig andere Akzentuierung erklärt sich daraus, dass die Sexualität als etwas gegen innere Bedenken und äußere Widerstände Errungenes empfunden wird, das essenziell für die Persönlichkeit des (BD)SMlerIn ist.

oben beschriebenen Phänomene sexueller Verflachung und Reduzierung spätestens beginnen.

Die systemische Sexualtherapie hat sich – für konventionelle Paare – mit diesem Problem intensiv beschäftigt (Clement, 2008; Perel, 2008; Schnarch, 2009, 2011; Willi, 1975, 1991, 2005). Ich möchte die einander relativ ähnlichen Konzepte von Ulrich Clement und David Schnarch aufgreifen und im Folgenden versuchen, diese auch auf Konflikte von (BD)SM-Paare anzuwenden.

Weil der/die PartnerIn immer vertrauter wird, sich der eigene Lebensentwurf mit dem des/der PartnerIn verbindet und weil der/die PartnerIn die wichtigste oder oft einzige emotionale Ressource in sonst unsicheren, aber hoch flexiblen Lebensumständen im flexibilisierten Kapitalismus ist, scheint dieser Mensch immer wichtiger und unverzichtbarer zu werden. Und gerade deswegen darf dieser Mensch und die Partnerschaft mit diesem Menschen nicht (mehr) durch ambitionierten Sex verunsichert und riskiert werden. Sexualität und Veränderung von Sexualität birgt immer auch die Möglichkeit von Schwierigkeiten und eines Scheiterns in sich. Dies kann zur emotionalen Verunsicherung führen, wobei – so wird befürchtet – dies wiederum die Gefährdung der Partnerschaft bedeuten kann. Sowohl bei Mainstream-Paaren als auch bei schwulen, lesbischen, bisexuellen, polyamourösen oder BDSM-Partnerschaften findet deswegen der innovativste, explorativste, interessanteste, mutigste, riskanteste Sex am Anfang und in den ersten Monaten der Beziehung statt. Danach stagniert die Sexualität in der Partnerschaft. So wagen Mainstream-Paare den Ausflug in etwas weniger gewöhnlichen Sex wie am Anfang der Beziehung meist nicht mehr mit dem/der PartnerIn. Perversionen stehen bei ihnen immer nur am Anfang[9] – später verlieren sich diese. Analoge Entwicklungen gibt es in (BD)SM-Partnerschaften.

> »Während die Szene-Ideologie zu wissen meint, dass besonders ambitionierter (und eventuell gefährlicher) SM nur von sehr erfahrenen Paaren realisiert werden kann (oder realisiert werden sollte), ist es in Wirklichkeit meist umgekehrt: Neue Paare machen den ambitionierteren SM, die alten erscheinen etwas langweilig – und zu routiniert« (Elb, 2006).[10]

---

9   »Ich würde gern begreifen, warum die Perversionen immer nur am Anfang kommen«, sagte Prof. Martin Dannecker in einem sexualwissenschaftlichen Gespräch 2006 zu mir. Die hier gezeigten systemischen Beobachtungen könnten die Richtung einer Deutung zeigen.
10 Die dieser Studie zugrunde liegenden Informationen beziehen sich auf Beobachtungen in Gesprächskreisen der (BD)SM-Bewegung, insbesondere der Gesprächskreise der Gruppen Schlagseite (Mannheim) und SMash (Frankfurt). Etwa die Hälfte der Diskussionen dort drehten sich direkt oder auch verdeckt um Paarproblematiken.

David Schnarch (2009) untersucht auf der Grundlage sexualtherapeutischer Erfahrungen das Problem, dass einer der beiden PartnerInnen in einer sexuellen Beziehung den bestimmenden Einfluss darauf hat, wie oft, zu welchem Zeitpunkt und in welcher Qualität Sexualität stattfindet. Er stellt im Grunde die Frage, welcher/welche PartnerIn die Macht über den Sex in der Beziehung hat. Wenn ich diese Frage in meinen Paarworkshops (BD)SM-PartnerInnen stelle, dann meinen die einen, dass selbstverständlich die dominante Person die Macht über den Sex habe, während die anderen darüber philosophieren, dass eigentlich die submissive Person letzten Endes die Grenzen des Sexes bestimmt. Schnarch dagegen macht die Beobachtung, dass der Person die Verfügungsgewalt über Quantität und Qualität der Sexualität in einer Beziehung langfristig zufällt, die weniger Sex will. Schnarch verweist dabei auf das systemische Problem, das heißt, es findet sich zumeist eine Konstellation vor, bei der in der Beziehung stets eine Person mehr Sex will als die andere. Das sind natürlich relative Positionen. Die Person, die in einer Beziehung die Person ist, die mehr Sex will, könnte in einer anderen sexuellen Beziehung die Person sein, die dort weniger Sex will. Jedoch wird immer – so Schnarch – der/die PartnerIn, der/die in einer bestimmten Beziehung weniger Sex will, den Sex letzten Endes kontrollieren können. In den Interaktionen in einer Beziehung kann sich das dann so darstellen, dass der/die PartnerIn, der/die mehr Sex will von dem/der anderen gebremst wird, was zur Folge haben kann, dass die in dieser Hinsicht aktive Person noch nachdrücklicher mehr Sex fordert, was wiederum dazu führt, dass sich die andere Person noch weiter zurückzieht usw. Dies ist ein zirkuläres Problem, das zu einer Abwärtsspirale führen kann, einem Herunterpropellieren der sexuellen Aktivität.

Diese Art von Problemhypnose birgt jedoch auch eine sexualtherapeutische Chance. Die PartnerInnen können vom Beziehungskampf gegeneinander entbunden werden, weil hier nicht eine der beiden PartnerInnen die alleinige Verantwortung für den Konflikt trägt, sondern weil das systemische Problem der Täter ist. Beide PartnerInnen können sich damit auseinandersetzen, ob sie sich weiter zum Opfer dieses Prozesses machen wollen oder ob sie Wege finden wollen, diesen Prozess zu unterbrechen.[11] Oft würde der/die weniger sexaktive PartnerIn die Sexualität nicht unbedingt bremsen, wenn die Sexualität (etwas) anders werden würde, als sie gerade in der Beziehung zu praktizieren versucht wird. Dem anderen, interessanteren oder erregenderen Sex stünde auch die inaktivere Person eventuell aufgeschlossener gegenüber. Die PartnerInnen müssen sich dann auf

---

11 Dieses Problem und seine Lösungsmöglichkeiten entnehme ich einer Fortbildungsveranstaltung für SexualtherapeutInnen aus dem Jahre 2013 von Ulrich Clement.

Suchbewegungen[12] in ihren sexuellen Scripts einlassen, die sich dazu eignen, ihre sexuellen Aktivitäten (wieder) zu ambitionieren.

VIII. Das Liebe/Erotik-Dilemma

Langjährige Paare kreieren sowohl einen Diskurs über Erotik, welcher ohne Liebe nicht auskommt, als auch einen Diskurs über Liebe, die ohne Erotik nicht denkbar zu sein scheint (vgl. Elb, 2006). Der Liebesdiskurs ist von Stereotypen und Tautologien[13] geprägt und von einem unscharfen Begriff emotionaler Nähe. Liebe wird nur affirmatorisch begriffen: Ein dramatisches Potenzial von Liebe wird nur dann gesehen, wenn sie schiefgeht. »Wer seine Liebe erklärt, nimmt fast schon das Recht in Anspruch, geliebt zu werden« (Luhmann, 1987, S. 267). An diesem relativ konventionellen Liebesdiskurs nimmt auch die Mehrzahl der (BD)SM-Paare teil. Es gibt nur eine Minderheit unter (BD)SM-PartnerInnen, die andere Konstruktionen für Beziehungen, etwa eine vom Liebesbegriff relativ unabhängige Hingabe, Loyalität, Unterwerfung oder Versklavung, als zuverlässigere Art der Bindung sehen als Liebe[14]. Zudem findet sich in der (BD)SM-Beziehungsgestaltung eine höhere Akzeptanz von einseitigen Liebesbeziehungen. Trotzdem werden auch hier vorwiegend Liebe gesucht und (relativ konventionelle) Liebesbeziehungen versucht.

Jede beobachtbare Realität scheint aber eher zu zeigen, dass erotische Spannung mit Distanz zu tun hat (vgl. Schenk, 1995). Dies zeigt sich beispielsweise an der großen erotischen Energie in der Anbahnungsphase einer neuen Beziehung, beim Kontakt mit einem »neuen« Körper, bei »illegalen«[15] Sexualkontakten und Affären mit dem großen organisatorischen Aufwand für Geheimhaltung und in allen Situationen, in denen es unklar ist, ob es zu einem sexuellen Kontakt kommt oder wenn zunächst in der Schwebe bleibt, was erotisch geschehen

---

12 Ulrich Clement hat für diese Suchbewegungen das sexualtherapeutische Instrument des *Idealen sexuellen Scenarios* (ISS) geschaffen (Clement, 2008, S. 188–200).
13 »Liebe ist Liebe«, »wenn es der richtigen Partner ist, schlägt Liebe ein«, »wenn ich so eifersüchtig bin, liebe ich auch«, »ich fühle, dass ich liebe«, »Liebe kann man nicht erklären«, »ich will (nur von ihm) geliebt werden« usw.
14 Am brillantesten ist dies in Pauline Réage *Geschichte der O* (insbesondere S. 137, 226–227) zum fiktionalen Ausdruck gebracht worden, einem Buch mit paradigmatischer subkultureller Bedeutung für (BD)SMlerInnen.
15 Mit »illegal« ist hier gemeint, in Bezug auf die Hauptbeziehung, in denen solche Außenbeziehungen nicht als abgesprochen, sondern als Verstoß gegen Beziehungsregeln, als »Betrug« gewertet werden.

wird. In Fällen dieser Art würde zur Erzeugung sexueller Spannung Nähe eher stören.

Wenn Distanz für die Erzeugung erotischer Spannung notwendig ist, andererseits aber Liebe mit Nähe konditioniert wird, dann gibt es ein Nähe/Distanz-Problem. Und daraus entsteht – von wesentlich größerer Komplexität – ein »Liebe/Erotik-Dilemma« (Elb, 2006, 2008).

Auch hier könnte die asynchrone Struktur der sexuellen Begegnung zwischen (BD)SMlerInnen ein Versuch sein, mit diesem Dilemma umzugehen.

Hierarchische Settings (z. B. Rollenspiele), einseitige Verteilung sexueller Macht, martialische Rituale und Gesten, die symbolische Wirkung von Gewalt, tabuisierte sexuelle Verhaltensweisen, das Überzeichnen und Konterkarieren von Geschlechterrollen können helfen, die erotisch wirksame Distanz, den psychischen Abstand und eine bestimmte Form der Entfernung innerhalb der (BD)SM-Interaktion aufrechtzuerhalten.

Die Scripts der (BD)SM-Sexualität stellen also zweifellos Chancen für Ritualisierungen von Distanz dar, die sexuelle Erregung fördert und reproduziert. Kontraproduktiv im Hinblick auf das Liebe/Erotik-Dilemma wirken hingegen die sich für (BD)SMlerInnen in einem relativ konventionellen Liebesdiskurs ausdrückenden Nähebedürfnisse, emotionalen Verklammerungen[16] und die Kolonisierung der PartnerInnen als nichtflexible Ressourcen in einer nahezu total flexibilisierten Umwelt. Der Asynchronität der (BD)SM-Sexualität wird meistens ein konventioneller Diskurs von »Liebe«[17] übergestülpt. Mit solchen Operationen werden die spannungsgeladenen Elemente, welche die Konstruktion sadomasochistischen Begehrens bereitstellt, auch wieder entschärft, die Distanz entdistanziert, die Unkonventionalität konventionalisiert und der erotische Normbruch normalisiert. Schlussendlich wird die emanzipatorische Qualität dieses Begehrens domestiziert!

---

16   David Schnarch prägte den Begriff der siamesischen Beziehungszwillinge, die von einer (für die Beziehungspsychologie katastrophalen) fremdbestimmten Intimität bestimmt seien (Schnarch, 2009, S. 130ff.).

17   Über die Oberflächlichkeit des Ge-/Missbrauchs von »Liebe« und wie »Liebe« dazu verwendet wird, den/die PartnerIn gefangen zunehmen, siehe auch Laura Kipnis' *Liebe. Eine Abrechnung* (2004, S. 38–92).

Literatur

Califia, P. (1992). *Das SM-Sicherheitshandbuch*. Pullenreuth: Ikoo.
Califia, P. (1994). *Sensuous Magic*. New York: Masquerade Books.
Clement, U. (2008). *Systemische Sexualtherapie*. Stuttgart: Klett-Cotta.
Dannecker, M. (2006). Geleitwort. In N. Elb (Hrsg.), *SM-Sexualität. Selbstorganisation einer sexuellen Subkultur* (S. 9–13). Gießen: Psychosozial-Verlag.
Deleuze, G. (1991). Was ist ein Dispositiv? In F. Ewald & B. Waldenfels (Hrsg.), *Spiele der Wahrheit. Michel Foucaults Denken* (S. 153–162). Frankfurt/M.: Suhrkamp.
Elb, N. (2006). *SM-Sexualität. Selbstorganisation einer sexuellen Subkultur*. Gießen: Psychosozial-Verlag.
Elb, N. (2008). Liebe/Erotik-Dilemma und kontrollierte Promiskuität in SM-Beziehungen. In A. Hill, P. Birken & W. Berner (Hrsg.), *Lust-voller Schmerz. Sadomasochistische Perspektiven* (S. 133–139). Gießen: Psychosozial-Verlag.
Elb, N. (2014). Outlines of the social, cultural and legal aspects of BDSM in Germany. In P. Kruize & P. Gruter (Hrsg.), *Aan handen en voeten gebonden. Mis(ver)standen rond BDSM-scenes en de toereikendheid van zorg en recht* (S. 169–179). http://wodc.nl/onderzoeksdatabase/2418-verkennend-onderzoek-misbruik-van-jonge-en-kwetsbare-personen-in-de-bdsm-wereld.aspx (01.01.2015).
Foucault, M. (1986). *Sexualität und Wahrheit*. Bd. 1–3. Frankfurt/M.: Suhrkamp.
Gagnon, J. & Simon, W. (1970). *The Sexual Scene*. New York: Transaction, Inc.
Kipnis, L. (2004). *Liebe. Eine Abrechnung*. Frankfurt/M., New York: Campus.
Krafft-Ebing, R. (1984 [1886]). *Psychopathia sexualis*. München: Matthes & Seitz.
Kruize, P. & Gruter, P. (Hrsg.). (2014). *Aan handen en voeten gebonden. Mis(ver)standen rond BDSM-scenes en de toereikendheid van zorg en recht*. http://wodc.nl/onderzoeksdatabase/2418-verkennend-onderzoek-misbruik-van-jonge-en-kwetsbare-personen-in-de-bdsm-wereld.aspx (01.06.2015).
Luhmann, N. (1987). *Soziale Systeme. Grundriß einer allgemeinen Theorie*. Frankfurt/M.: Suhrkamp.
Perel, E. (2008). *Wild Life. Die Rückkehr der Erotik in die Liebe*. München: Piper.
Réage, P. (1954). *Geschichte der O.* Paris: J. J. Pauvert/O Presse.
Schenk, H. (1995). *Geheimnis, Illusion und Lust. Das Spiel mit der sexuellen Spannung*. Reinbek: Rowohlt.
Schnarch, D. (2009). *Die Psychologie sexueller Leidenschaft*. München: Piper.
Schnarch, D. (2011). *Intimität und Verlangen. Sexuelle Leidenschaft wieder wecken*. Stuttgart: Klett-Cotta.
Simon, W. (1994). Deviance as History. The Future of Perversion. *Archives of Sexual Behaviour, 23*(1), 1–20.
Wagner, E. (2014). *Grenzbewusster Sadomasochismus. SM-Sexualität zwischen Normbruch und Normbestätigung*. Bielefeld: transcript.
Willi, J. (1975). *Die Zweierbeziehung. Spannungsursachen, Störungsmuster, Klärungsprozesse, Lösungsmodelle*. Reinbek: Rowohlt.
Willi, J. (1991). *Was hält Paare zusammen? Der Prozess des Zusammenlebens in psycho-ökologischer Sicht*. Reinbek: Rowohlt.
Willi, J. & Limacher & B. (2005). *Wenn die Liebe schwindet*. Stuttgart: Klett-Cotta.

Zur Dialektik von Lust und Tabu in Zeiten prekärer Geschlechterverhältnisse

Volker Woltersdorff

Sexualität und Tabu als geschichtliches Verhältnis

»Grundlage des Tabu ist ein verbotenes Tun, zu dem eine starke Neigung im Unbewußten besteht« (Freud, 1912–13a, S. 42). So urteilte Sigmund Freud 1913 in seiner Schrift *Totem und Tabu*, mit der er den Tabubegriff in der Kulturanalyse etablierte. Ihm zufolge ist Lust immer an Verbote gekoppelt: »Wo ein Verbot vorliegt, muß ein Begehren dahinter sein«, heißt es ebenda (ebd., S. 87). Der Sexualwissenschaftler Martin Dannecker zieht daraus den Schluss: »Sexuelle Lust ist von der Einschränkung, dem unlustbereitenden Verbot nicht zu trennen« (Dannecker, 1992, S. 28). Tabus werden nun als besondere Verbote definiert, als implizite »Meidungsgebote« (Schröder, 2008, S. 3), die nicht expliziert werden können und außerdem stark auratisiert sind, sei es im religiösen oder im säkularen Sinne.[1] Im Falle sexueller Tabus verhindert ihre Schambesetzung, dass sie ausgesprochen werden. Auf diese Weise werden Tabus einerseits erotisch aufgeladen, andererseits erlaubt der Tabubruch einen besonderen Lustgewinn, wie Georges Bataille in seinen Schriften zu bemerken nicht müde wurde (vgl. v. a. Bataille, 1957). Tabu und Sexualität unterhalten also ein intimes Verhältnis.

Einerseits untergräbt die Übertretung das Tabu, andererseits bestätigt sie es als notwendige Quelle der Lust. Auf den ersten Blick sieht das nach einer nichthegelianischen Dialektik aus, die sich nicht aufheben lässt, weil der Genuss der Überschreitung zu einer libidinösen Verfallenheit an das Tabu führt, die eine am-

---

1   Im Folgenden findet der Begriff fast ausschließlich in einer säkularisierten Bedeutung Verwendung, der die sakralen Aspekte der Überschreitung vernachlässigt.

bivalente, aber höchst wirksame Bindung an die Norm gebende Instanz stiftet. Diese Hassliebe prägt alle Tabuverletzungen. Ein paradoxer Affekt ist damit die unausweichliche Grundlage nicht nur der im Folgenden von mir behandelten sadomasochistischen Tabubearbeitungen, sondern jeden kritischen Umgangs mit Tabus.

Sowohl Tabuisierung als auch Sexualität sind – so meine Überzeugung – keine anthropologischen Konstanten, sondern veränderlich und damit historisch. So wird nach Ansicht Michel Foucaults die Erfahrung der Grenze und von deren Überschreitung erst für die Sexualität der Moderne charakteristisch. In seiner Hommage an Georges Bataille schrieb Foucault: »Wir haben die Sexualität nicht befreit, sondern sie an die Grenze getrieben« (Foucault, 2001 [1963], S. 320). Diese über die Sexualität abgesteckten Grenzerfahrungen betreffen das Bewusstsein, das Gesetz und die Sprache. Im Folgenden möchte ich mir eine konkrete historisch bestimmbare und sich historisch wandelnde sexuelle Subkultur ansehen, um diese auf ihre geschichtliche Signatur des Zusammenhangs von Sexualität und Tabu zu befragen. Meine Fragestellung ist, wie sich diese subkulturellen Praxen zur gegenwärtigen vermeintlichen Tabulosigkeit verhalten. Ich lese sie also zum einen als ein Kind ihrer Zeit und interessiere mich zum anderen dafür, wie sie zugleich in ihre Zeit handelnd intervenieren.

Wird Sexualität im Allgemeinen als Tabubereich ausgewiesen, so gibt es wiederum sexuelle und geschlechtliche Praktiken, die einer besonderen Tabuisierung unterliegen. In ihrem Schule machenden Essay »Thinking Sex« identifizierte Gayle Rubin Sadomasochismus als eine tabuisierte Sexualität (Rubin, 2003 [1984]). Die sogenannte ›BDSM-Szene‹ halte ich deshalb für die Untersuchung des Verhältnisses von Sexualität und Tabu beziehungsweise Tabulosigkeit für besonders aussagekräftig. BDSM ist ein von den Szeneteilnehmern selbst gewähltes Akronym, das für die englischen Begriffe ›Bondage & Discipline‹, ›Dominance & Submission‹ sowie ›Sado-Masochism‹ steht und die Diversität der in der Szene vertretenen Spielarten, die sich vermischen können, aber nicht müssen, relativ breit abbilden soll. Meine Kenntnis dieser Szene stützt sich auf meine empirische Feldarbeit mittels teilnehmender Beobachtungen und mithilfe von 20 Diskussionen, die ich zwischen 2005 und 2008 mit Gruppen praktizierender BDSMler und BDSMlerinnen in Deutschland, Österreich und Frankreich geführt habe und aus denen ich im Folgenden zitieren werde (vgl. Woltersdorff, 2010).

Meiner Meinung nach ist die BDSM-Szene der in westlichen Gesellschaften zentrale Ort, an dem heute sowohl die Tabulosigkeit postmoderner Sexualität veranschaulicht wird als auch angeblich ›letzte sexuelle Tabus‹ gebrochen werden. Damit steht BDSM in einem harten Gegensatz zur gesellschaftlichen Funktion der ›Pädophilie‹, die einen ganz anderen Bereich sexueller Tabus bezeichnet (vgl. Sigusch, 2008, S. 70f.). Markiert BDSM eine flexible Grauzone gesellschaftlicher Akzeptanz, bezeichnet die andere eine fixe Grenze, die das Tabu frühkindlicher Sexualität umschließt. Es handelt sich hier also um zwei unterschiedliche gesellschaftliche Strategien der Tabuisierung und Enttabuisierung.

Die subkulturelle Organisation des Tabubruchs

Ein soziologisches Forschungsteam unter der Leitung von Thomas Wetzstein, das Anfang der 1990er Jahre die BDSM-Szene in Deutschland untersuchte, urteilte zum Verhältnis von Medien, Sexualität und Gewalt:

> »[U]nsere Gesellschaft [steht] vor dem Widerspruch, daß Gewalt einerseits immer stärker ›moralisch‹ tabuisiert, ihre Darstellung aber durch die Medien immer umfassender ›visuell‹ enttabuisiert wird (weil diese die Aufmerksamkeitsprämie nutzen, die gerade skandalisierte Gewalt für die Berichterstattung liefert). Gerade was moralisch geächtet wird, wird auf dem Bildschirm zum Objekt der Schaulust. Zudem haben die Medien in den letzten vierzig Jahren auch das Visualisierungstabu für Sexualität immer stärker erodieren lassen« (Wetzstein, 1993, S. 297).

Unsere Affektkultur bleibt von diesem grundlegenden kulturellen Wandel nicht unberührt, denn dieser Widerspruch produziert einen schizophrenen *double bind* aus Anheizung bestimmter Affekte bei ihrer gleichzeitigen moralischen Verurteilung. Diese Dialektik der Affekte ließe sich als die offizielle und die obszöne Seite der herrschenden Machtverhältnisse bezeichnen.

Die Beschäftigung mit BDSM gibt daher immer auch zu kontroversen Überlegungen Anlass, die das gesamtgesellschaftliche Verhältnis von Sexualität und Herrschaft betreffen. Neben zahlreichen anderen Aspekten behandeln BDSM-Inszenierungen das sexuelle Potenzial von Herrschaft und brechen damit ein Tabu (vgl. Woltersdorff, 2011). Die Auslagerung des Tabubruchs in die Subkultur ist wiederum eine ambivalente Strategie der Tabubearbeitung. Einerseits wird die tabuisierte Sexualisierung von Herrschaft offengelegt, andererseits wird das Tabu durch die subkulturelle Einhegung respektiert. So verweisen zum Beispiel ›Sekretärinnen‹- oder ›Dienstmädchenspiele‹ auf die tabuisierte sexuelle Dimension in hierarchischen und vergeschlechtlichten Arbeitsverhältnissen,[2] aber sie verschieben den Tabubruch in eine andere Sphäre außerhalb der Arbeitswelt.[3] So kommentiert eine Diskutantin ironisch: »Vor meinem Arbeitgeber wird es schwierig, wenn ich mit der Gerte auftauche! Und sage: Du warst ein böser Bube, weil du mir zu wenig überwiesen hast!«

Ein Diskussionsteilnehmer bezeichnet unter Verweis auf diesen Tabubruch den Reiz von BDSM als die politisch unkorrekte Seite der Sexualität, die genau durch ihre Abwehr eine erotische Spannung aufbaut:

»Das heißt, die Spannung entsteht dort, wo die Tabus greifen. Dort ist es spannend, dort ist es interessant. Und ich glaube auch, dass Sexualität immer so ist, dass sie politisch inkorrekt sein wird, dass sexuelles Begehren immer politisch unkorrekt sein kann, egal wie politisch korrekt es gerade definiert wird.«

Andere Praktizierende dieser Gruppe bestreiten wiederum die Lust am Tabubruch um seiner selbst willen. Vielmehr erleben sie die Tabuisierung sexueller Praktiken als persönliche Einschränkung, die eine Spaltung bewirkt: »Aber Tabubruch? Nein, es war nur klar, dass das etwas ist, was man nicht nach außen dringen lassen darf. Also, wo man irgendwo beginnt, ein Doppelleben zu leben.«

Eine Spaltung beobachtet auch eine andere Sprecherin, wenn sie darauf verweist, dass aggressive und dominante Affekte in einer Liebesbeziehung tabuisiert werden. Regungen, die dieses romantische Ideal unterlaufen, werden abgewehrt. Zusammen mit der Gruppe diskutiert sie die Lösungsmöglichkeit, diese Spaltung zu umgehen, indem störende sexuelle Wünsche ausgelagert und in einer anderen Beziehung befriedigt werden. Doch für viele rührt auch diese Übertretung des Monogamiegebotes an ein Tabu. »Wobei ich finde, dass der Bereich der Sexualität immer noch – rein gesellschaftlich – tabuisierter ist und es deswegen auch viel schwieriger ist, eine Beziehung zu leben und zu sagen: Okay, den Bereich agiere ich dann mit jemand anderem aus.«

Das Ausagieren tabuisierter sexueller Wünsche in der BDSM-Szene ist also, wie diese Zitate schon zeigen, in hohem Maße reflektiert, zivilisiert und kontrolliert. Ein großer Teil der sexuellen Erfahrungen, von denen die Dis-

---

2   Rosemary Pringle (1989) hat die Vergeschlechtlichung und (Hetero-)Sexualisierung von hierarchischen Dienstleistungsverhältnissen im Alltag untersucht.
3   Einem größeren Publikum wurden diese Spiele durch Stephen Shainbergs Film *Secretary* (USA, 2001) bekannt.

kussionsteilnehmer_innen[4] berichten, hat in der halböffentlichen Sphäre der Subkultur auf Partys stattgefunden. Dieses Öffentlichmachen von Sexualität stellt einen Tabubruch dar, der exhibitionistisch bzw. voyeuristisch genossen werden kann. Es stellt aber ebenso die soziale Kontrolle über die sexuellen Handlungen sicher. Diese sind also zum einen durch den subkulturellen Rahmen verregelt und zum anderen durch die gesellschaftliche Tabuisierung moralisch aufgeladen. Ein Sprecher betont daher den Unterschied zwischen sexuellen Tabus und Verboten im Straßenverkehr, den er als Moralisierung beschreibt. In der moralischen Auﬂadung der Übertretung liegt jedoch zugleich die Quelle ihrer Lust:

> »Ja, aber diese Lust am Tabubruch und dieses Sich-Reiben an den Tabus und dieses ständige Verändern dieser Grenzen und auch dieser moralische Anspruch, der dahintersteht, hinter dieser Einhaltung dieser Grenzen! Der ist ja im Sex viel stärker, als im Verkehr! Im Verkehr ist es völlig locker, wenn man zu schnell fährt, das ist nicht unmoralisch ...«

Die BDSM-Szene ist also kein normatives Vakuum. Vielmehr verfolgt sie den Anspruch, Grenzen auszuhandeln und Fantasien zu kommunizieren. Gerade die Bearbeitung und Überschreitung von Tabus macht ausführliche Kommunikation besonders wichtig. Das Aussprechen sexueller Wünsche stellt dabei bereits den ersten Tabubruch dar. Eine Diskutantin erläutert, wie wichtig es ist, über üblicherweise tabuisierte Themen zu kommunizieren:

> »Ich glaube, das ist zwangsläufig so, weil es eine Kultur ist, SM-Kultur, die am Rand steht, gesellschaftlich ausgegrenzt ist – zum einen, zum anderen, weil es mit Sexualität zu tun hat und das ist eh ein Tabuthema, wo es schwierig ist, darüber zu reden. Und wenn das Verbindende oder ein verbindender Teil in Sexualität besteht und das dann noch in irgendeiner Form klargemacht werden muss, was die Leute miteinander tun oder nicht miteinander tun, dann bleibt ja nicht viel anderes übrig als miteinander zu reden.«

---

4   Im Folgenden verwende ich diese in den Genderstudies inzwischen übliche Schreibweise, die allen Geschlechtern Rechnung tragen möchte und einem Vorschlag Steffen K. Herrmanns folgt: »Der _ markiert einen Platz, den unsere Sprache nicht zulässt. Er repräsentiert all diejenigen, die entweder von einer zweigeschlechtlichen Ordnung ausgeschlossen werden oder aber nicht Teil von ihr sein wollen. Mithilfe des _ sollen all jene Subjekte wieder in die Sprache eingeschrieben werden, die gewaltsam von ihr verleugnet werden« (Herrmann, 2005, S. 64, Fn. 19).

Solche Aushandlungen unterscheiden also zwischen Tabus, die gebrochen und anderen, die geschützt werden sollen. Von einer pauschalen Aufforderung zum Tabubruch ist dagegen keine Rede. Ausführliche Absprachen erlauben ein gesteigertes Problembewusstsein für Fragestellungen der Sicherheit, Konsensualität und Gegenseitigkeit des Lusterlebens. Viele Teilnehmer_innen äußern in den Diskussionen die Einschätzung, dass die SM-Subkultur erlaubt, diejenige Tabuisierung sexueller Bedürfnisse zu überwinden, die als beschränkend erfahren wird. Diese Ansicht wird besonders häufig von Frauen und anderen Menschen geäußert, die eine geschlechtsspezifische Tabuisierung eigener sexueller Wünsche erfahren. Besonders in der lesbischen Community herrschte lange Zeit eine starke Abwehr gegen solche Wünsche. So erzählt eine Diskutantin: »Bei Blümchenlesben[5] erlebe ich auch eher eine relativ starke Tabuisierung und bei den SM-Lesben war es das erste Mal, dass ich mich gut gefühlt habe.«

Nicht verbalisierbare und rational begründbare Verbote, also klassische Tabus, werden – ganz im Sinne der Aufklärung – als schädlich und lustfeindlich betrachtet. Dieses hohe Vertrauen in Kommunikation unterstellt allerdings, dass sich alle Tabus in verhandelbare und verbal explizierbare Regeln transformieren lassen. Diese optimistische Einstellung stößt an ihre Grenzen, denn das Unbewusste, das sexuelle Fantasien motiviert, entzieht sich dem sprachlichen Zugriff. Außerdem beobachten Szene-Mitglieder, dass es auch innerhalb der Szene sprachlich nicht artikulierte Zonen der Verwerfung gibt. Bestimmte Praktiken sind beispielsweise häufiger als andere, wiederum andere sind in der Halböffentlichkeit der Szeneveranstaltungen nicht sichtbar, während sie privat durchaus praktiziert werden. Dies kann sich auch von Sub-Szene zu Sub-Szene unterscheiden. Während *cross dressing* und andere Formen des *gender play* in der schwulen BDSM-Szene tabuisiert werden, sind diese ein häufiger Bestandteil innerhalb der heterosexuellen BDSM-Szene. Während nicht-paarbezogene Sexualität in der lesbischen und schwulen BDSM-Szene an der Tagesordnung sind, sind sie in der heterosexuellen BDSM-Szene immer noch die Ausnahme, wie eine Diskutantin bemerkt: »Als wir so zu dritt aufgetreten sind, war das auch ein Tabubruch.«

Die Unterschiedlichkeit der Tabus, die als schützenswert und als übertretungsbedürftig angesehen werden, variiert nicht nur innerhalb der einzelnen BDSM-Szenen, sondern selbstverständlich auch von Szeneteilnehmer_in zu Szeneteilnehmer_in. Grundsätzlich werden nicht durch alle Szeneteilnehmer_innen dieselben Tabus gebrochen. So schließen viele für sich Überschreitungen von Tabus in Be-

---

5   Mit »Blümchenlesben« bezeichnet die Sprecherin nicht-SM-praktizierende Lesben, deren Sexualpraktiken in der Szene als »Blümchensex« firmieren.

zug auf Urin und Kot aus, obwohl auch diese zum Spektrum der lustvoll erlebten Tabubrüche gehören. Aber auch sehr viel ›harmlosere‹ Praktiken können persönliche Tabubereiche verletzen, während sie für andere völlig unproblematisch sind:

»Und in der Szene ist es ja auch immer wieder, es gibt ja so viel persönliche Tabus. Also für viele Menschen ist es völlig undenkbar, jetzt zum Beispiel mit Ohrfeigen zu spielen oder so. Wenn man da jetzt öffentlich mit Ohrfeigen spielt, dann bricht man die Tabus von sehr vielen Menschen.«

Nicht alles, was als Tabubruch empfunden wird, ist also einheitlich. Bestimmte Gemeinschaften sind durch bestimmte Tabus charakterisiert, die nicht allgemeingesellschaftlich gültig sein müssen.

Schließlich werden Tabus nicht nur geschützt oder verletzt, sondern es werden Tabus durch das Erlassen neuer Verbote erst hergestellt und erotisch aufgeladen. So können zu einigen Spielvarianten Berührungs-, Rede- und Verhaltenstabus gehören. In einigen Settings darf die dominante Person nicht berührt werden oder die submissive Person steht unter einem Schweigegebot. Ein Diskussionsteilnehmer erzählte von einer Veranstaltung, bei der bestimmte Bereiche der Örtlichkeiten für Menschen in der submissiven Rolle nicht zugänglich und streng verboten waren. Hier wird die performative Magie des Tabus also ausgebeutet, um erotische Spannung zu erzeugen. Ganz nach der Blaise Pascal zugeschriebenen Formel »Knie nieder, bewege die Lippen zum Gebet, und du wirst glauben!«[6] heißt es hier: »Belege etwas mit einem Tabu, meide es, und du wirst begehren!« Das wäre also genau die umgekehrte Richtung der Eingangsthese von Freud, in der das Tabu ein ihm vorgängiges Begehren eindämmt. Es stellt sich dennoch die Frage, ob sich solche spielerischen Verbote schließlich in echte Tabus verwandeln können oder ob sie nur deshalb wirken, weil sie sich auf gesellschaftlich geteilte Tabus stützen, deren Wirkungsmacht sie anzapfen. Innerhalb des Handlungsrahmens werden sie allerdings als »Tabus« bezeichnet und von einigen auch ähnlich erlebt.

Tabubruch und Tabulosigkeit

Man könnte daher behaupten, dass die BDSM-Szene paradoxerweise in einer Zeit, in der das Schwinden von Tabus konstatiert wird, eine nostalgische

---

6   Die Formulierung stammt von Louis Althusser (1977 [1970], S. 138), der Pascal lediglich in seinem Sinne paraphrasiert.

Sehnsucht nach Tabus artikuliert, weil diese die Voraussetzung für lustvolle Tabubrüche sind. Das wäre dann ganz im Sinne Batailles, der am Tabu um seiner Profanierung willen eisern festhalten wollte.[7] Um den Tabubruch in Zeiten von Tabulosigkeit zu genießen, würde BDSM mit großem Aufwand und innerhalb eines begrenzten, spielerischen Rahmens Tabus als Anachronismus reinszenieren. Damit reflektiert die BDSM-Szene ein Unbehagen am historischen gesellschaftlichen Zustand eines »flexiblen Normalismus« (Link, 1999), der auf harte normative Ausschlüsse verzichtet und stattdessen prekäre Zonen normativer Unentschiedenheit einrichtet.[8] Die Tabunostalgie wäre dann eine Sehnsucht nach Orientierung und Sicherheit, die allerdings durch die Lust an der Tabuverletzung ständig gebrochen wird. Umgekehrt wird auch die Lust an der Tabulosigkeit genossen, jedoch durch bestimmte Strategien immer wieder eingehegt.

Die Prekarisierung der gesellschaftlichen Garantie von sozialen Rollen und Regeln spiegelt sich aber damit in den Verhaltensweisen der Szene wider, denn einerseits praktizieren ihre Mitglieder eine hohe Rollenflexibilität, legen es aber andererseits in ihren Inszenierungen auf den Genuss eherner Rollenstabilität an.[9] Dies veranschaulicht das folgende Zitat:

> »Hier kann ich sagen: Ich ›spiele‹ es – unter Anführungszeichen – also ich lebe es, solange es mir behagt, solange es mir gut geht damit. Und wenn ich damit ein Problem habe, dann wechsle ich und mache etwas anders. Dann muss ich ja keine D/S-Beziehung leben mit ihm, dann kann ich auf gleichberechtigt ... oder, wenn ihm auch danach ist, sogar die Rollen umdrehen und andersrum spielen, leben.«

Während sich in der romantischen Sehnsucht nach einer Vergangenheit vermeintlicher Klarheit ein Unbehagen an der Prekarisierung sozialer Positionen

---

[7] »Noch für den spätmodernen Bataille, der 1965 starb, eröffnete die Verbotsübertretung den sakralen Raum, in dem das Unmögliche der Überschreitung möglich werden konnte. Die Disziplinarmacht ›Gesetz‹ war also nötig, um per Exzess zur Ekstase zu gelangen, bei Paulus als Sünde, bei Bataille als Souveränität« (Hauschild, 2001, S. 47).

[8] In Bezug auf die Prekarisierung von Geschlechterrollen hat Wolfgang Fritz Haug deshalb angemerkt: »Wenn das Gefängnis des ›alten‹ Geschlechterdispositivs Sicherheit bot, so erfährt sich die neue Freiheit in permanenter Unsicherheit. Als die ›Geschlechterrollen‹ noch von der Sozialordnung verfügt worden waren, kamen sie den Individuen im Fertigmodus des Zu-sein-Habens zu« (Haug ,2000, S. 188).

[9] Eva Illouz (2013, S. 67f.) erkennt in diesem Reiz einen der Gründe für den Erfolg von *Shades of Grey*.

ausdrückt, wird diese Vergangenheit allerdings stets als eine zu Recht verlorene vorgestellt. Ja, der Reiz liegt gerade im Unzeitgemäßen:[10]

> »Naja, es besteht insofern ein Reiz, als dass es anders ist als früher, weil früher war das ja normal, dass ein Mann zum Beispiel eine Frau dominiert. Und dass ... wenn das jetzt immer noch so wäre, dann wäre für mich D/S uninteressant.«

Projektionsfolien sind historische Epochen wie die Antike, das Mittelalter oder das *Ancien Régime*, in denen streng hierarchische, patriarchalische und auf sexueller Ausbeutung beruhende Verhältnisse enttabuisiert waren.[11] Doch auch innerhalb dieser fantasierten Zeiträume gibt es wieder tabuisierte Epochen. Szeneintern wird dann davon gesprochen, dass in diesem Fall mit »historischen Traumata« gespielt werde (vgl. z. B. Easton, 2008; Woltersdorff, 2016). Darunter fallen besonders in den USA die Geschichte der Versklavung von Schwarzen oder in Deutschland die nationalsozialistische Gewaltherrschaft und der Holocaust. Diese szeneinternen Tabus laden zugleich das tabuverletzende Spiel damit erotisch auf. Sie ziehen aber auch szeneinterne Differenz- und Ausschlusslinien ein, weil es bestimmten Teilnehmer_innen leichter fällt als anderen, sich zu dieser Geschichte in spielerische Distanz zu setzen. Für Margot Weiss erklärt sich damit die Dominanz weißer Mittelständler_innen in der von ihr ethnografisch beforschten BDSM-Subkultur Kaliforniens (Weiss, 2011, S. 187–213, besonders S. 197).

Eine andere Form der Distanznahme liegt vor, wenn Tabubrüche spielerisch-theatralisch fingiert werden, ohne dass der Tabubruch wirklich stattfindet. Hier wird der Reiz des Tabubruchs phantasmatisch ausgelebt und zugleich das Tabu als sinnvolles Verbot bestätigt: zum Beispiel in der Inszenierung von Inzest-, Vergewaltigungs- und Tötungsfantasien. Praktizierende sprechen dann von ihren »Dämonen« (Woltersdorff, 2008) oder ihren »monsters« (Bauer, 2008, S. 245). Es ließe sich ein Vergleich zur kathartischen Funktion des Theaters zie-

---

10 Schon in Leopold v. Sacher-Masochs Roman *Venus im Pelz* entschloss sich die Herrin Wanda, mit ihrem Sklaven Severin nicht in ein Land zu reisen, in dem die Sklaverei noch legal war, um den Reiz des Besonderen nicht einzubüßen: »Ich habe es mir überlegt. Welchen Wert hat es für mich, dort einen Sklaven zu haben, wo jeder Sklaven hat; ich will hier in unserer gebildeten, nüchternen, philisterhaften Welt, ich *allein einen Sklaven haben*« (Sacher-Masoch, 1980 [1870], S. 63f., Hervorh. im Orig.).
11 Elizabeth Freeman (2000) hat in Bezug auf queere Subkulturen den Begriff des *temporal drag* vorgeschlagen, um solche bewusst anachronistischen Aneignungen zu beschreiben.

hen, bei der ebenfalls Tabubrüche in einem verfremdeten Rahmen zugelassen werden.

Die auf solche Weise inszenierten Tabubrüche stehen in einem paradoxen Verhältnis zu den Tabus, die sie überschreiten. Während Tabus auf der sexuellen Ebene zwar gebrochen werden, werden sie auf einer sozialen und moralischen Ebene bestätigt. Was innerhalb der Szene in spielerischer Form stattfindet, wird von vielen Szenemitgliedern außerhalb der Szene abgelehnt (vgl. Woltersdorff, 2012). Es zeigt sich also, dass Tabus, aber auch Tabuverletzungen hochkomplex funktionieren und sich nicht auf das Ausführen oder Unterlassen bestimmter Handlungen reduzieren lassen, sondern dass zu diesen Handlungen immer ein gesellschaftlicher Kontext gehört, der über die Tabus reproduziert oder über die Tabubrüche modifiziert werden soll.

Ist die BDSM-Szene mithin wirklich eine Kronzeugin, dass wir in tabulosen Zeiten leben? Die Tatsache, dass Tabubrüche in einem streng gerahmten Setting – seien es die BDSM-Szenen oder die Medien – gesellschaftlich sanktioniert sind, sagt noch nichts darüber aus, dass sie außerhalb dieser Enklaven keine Gültigkeit besäßen.[12] Das Verhältnis von Tabuisierung und Enttabuisierung ist vielmehr uneinheitlich und widersprüchlich. Deshalb möchte ich die These aufstellen, dass wir in Zeiten einer prekären Enttabuisierung leben. BDSM-Sexualität bewegt sich damit in einer jener prekären Zonen, die der flexible Normalismus eröffnet. Vonseiten der Öffentlichkeit bestehen widersprüchliche Aufforderungen zum selbstbewussten Offenlegen der sexuellen Identität und zu deren Verschweigen. Im Recht und in der Psychiatrie wird BDSM in einigen Staaten kriminalisiert und pathologisiert, in anderen wiederum als Verhaltensvariante normalisiert. Während es also einerseits Anreize zum Tabubruch gibt, bleibt der Tabubruch eine riskante Angelegenheit, die den einzelnen Tabubrechern aufgebürdet wird. Die gesellschaftliche Reaktion schwankt zwischen Schaulust, Normalisierung und Ächtung. Umgekehrt herrscht jedoch dieselbe Unsicherheit: Wer sich zur Einhaltung eines Tabus entschließt, riskiert als spießig, lustfeindlich und verstaubt zu gelten (vgl. Wagner, 2014, S. 231ff.).

Das folgende längere Zitat aus einer der von mir dokumentierten Gruppendiskussionen belegt diesen Zwang zum individuellen Risikomanagement in einer Situation prekärer Enttabuisierung:

---

12 Stefan Neuhaus resümiert daher in Bezug auf Tabubrüche im erotischen Film: »Was bleibt, ist der paradoxe Befund, dass Tabubrüche keine Tabubrüche sind, da sie keine Tabus brechen, sondern sie oftmals (in der Rezeption, wo auch sonst) durch ihren Normverstoß bestätigen« (Neuhaus, 2007, S. 147).

»Es ist nicht bei allen so, das hat etwas mit Selbstwahrnehmung oder gegenseitiger Wahrnehmung zu tun, hat aber auch etwas damit zu tun, dass manche direkt mit einer bestimmten Anspruchshaltung reingehen, so: Wir sind doch hier SM, hier kann man das doch alles ausleben und machen! Und dann wird es natürlich schwierig. Und das ist tatsächlich so, da würde ich dir absolut Recht geben: Das ist total tabuisiert! Das zu benennen und da auch – ich sage jetzt mal – mit dem Finger am Ende auf jemanden zeigen und zu sagen: Du kannst das nicht, weil du bist hier irgendwie ... Also, nicht, dass ich sage, so soll man das machen, aber das ist ... das geht im Prinzip überhaupt nicht, weil dann immer nur genau das Argument kommt: Ja aber alle, man muss tolerant sein, man muss denen Platz geben ... und so. Und das ist schwierig, weil das auch viel kaputt macht und auch ein Risiko birgt!«

Bearbeitungen von Geschlechtertabus

Ich möchte abschließend aufzeigen, dass die paradoxe Tabubearbeitung in der BDSM-Szene nicht nur ein nostalgischer Reflex auf historische Veränderungen ist, sondern dass dieser paradoxe Affekt ebenso das Potenzial für die Umarbeitung sexueller Tabuisierungen enthält. So können BDSM-Praktiken einen alternativen Umgang mit dem Verhältnis von Lust und Tabu entwickeln. Denn innerhalb der prekären Zonen geschlechtlicher und sexueller Normalität ist es sehr wohl möglich, ›echte‹ Tabubrüche zu realisieren. Die gesellschaftliche Regulierung der Kategorien von Geschlecht und Verwandtschaft erfolgt nämlich vor allem durch Tabus und nicht durch Verbote. Dadurch entstehen geschlechtliche und sexuelle Verwerfungen, die den Raum sozial anerkannter Artikulationsmöglichkeiten von vornherein einschränken.[13]

Ich möchte abschließend anhand zweier Beispiele das sehr unterschiedliche Potenzial der Intervention in Geschlechtertabus untersuchen, die ich nur knapp skizzieren kann. Eine Spielart ist die der ›verkehrten Welt‹, in der einerseits die Überschreitung von Geschlechternormen genossen wird und andererseits genau dadurch die Legitimität der Norm bestätigt wird. Dies betrifft zum Beispiel die Inszenierung von Geschlechterverhältnissen im Spiel der sogenannten ›Zwangs-

---

[13] In diesem Kontext wäre das Verhältnis von Tabu und Verwerfung begrifflich noch genauer zu klären. Daran anschließend stellt sich ebenfalls die Frage, ob die von Judith Butler seit ihrem Buch *Das Unbehagen der Geschlechter* (1991 [1990]) eingeführte Kategorie der ›Nichtintelligibilität‹ das Ergebnis einer Tabuisierung ist.

feminisierung‹. Hier werden Personen, die sich normalerweise als männlich identifizieren, innerhalb eines einvernehmlich gesetzten spielerischen Rahmens dazu gezwungen, eine ›weibliche‹ Rolle anzunehmen, wobei hier meistens eine sehr stereotype und unemanzipierte Weiblichkeit gemeint ist, zu der man meiner Meinung nach auch wirklich nur gezwungen werden kann. Stellvertretend hierfür möchte ich aus einer erotischen Erzählung von Rüdiger Happ zitieren, die eine solche Fantasie *in extremo* durchspielt. In einer Art ›Zähmung des Widerspenstigen‹ nutzt eine Ärztin die Ohnmacht ihres Unfallpatienten, eines Motorradrockers, aus, um eine ›feindliche Übernahme‹ des dominanten männlichen Geschlechts zu starten, indem sie diesen körperlich und sozial einer unterwürfigen Frauenrolle anpasst. Ihr Opfer findet jedoch unerwarteten Geschmack an seiner neuen Rolle als Dienstmädchen:

> »Wenn bis dahin die Hausarbeit nicht ordentlich erledigt war, würde es Ärger geben. Mein wadenlanger Rock raschelte, als ich mit klappernden Absätzen ans Fenster eilte – Gott sei Dank, es war nur falscher Alarm; jemand anderes war langsam in demselben Wagentyp vorbeigefahren, den auch meine strenge Chefin, Erzieherin und Geliebte besaß.
> Aufatmen. Erleichterung. Kaum zu glauben, wie sich ein Mensch ändern kann, schoß es mir durch den Kopf. Hätte mir jemand vor sechs Monaten mein jetziges Verhalten prophezeit, ich wäre ohne Zögern mit den Fäusten auf ihn losgegangen, um meine ›Ehre‹ zu verteidigen – oder das, was ich dafür gehalten hatte. Mit einer Rockerbande war ich damals durchs Land gezogen, ungebunden, zügellos, saufend, kiffend, Mädchen erlegend, ab und zu durch Gelegenheitsarbeiten das Nötigste verdienend, von der Polizei mißtrauisch beäugt und der Schrecken der braven Bürger und wohlbehüteter Töchter« (Happ, 2000, S. 49).

Die Garantie einer gesicherten geschlechtlichen Position wird hier offenbar prekär, und gerade diese Prekarisierung wird genossen.[14] Dass sie genossen werden kann, hängt aber an einem unverrückbaren normativen Raster, das die Positionen von Männlichkeit und Weiblichkeit bestimmt und das durch deren Prekarisierung gerade gefestigt wird.[15]

---

14 Renate Lorenz (2009) hat für dieses lustvolle Durchlaufen einander eigentlich ausschließender Subjektpositionen den Begriff der »Durchquerung« geprägt.
15 Wie Robin Bauer feststellt, beschränkt sich dies selbstverständlich nicht auf die Reproduktion von Geschlechtertabus: »Oftentimes overemphasizing stereotypes or transgressing cultural taboos around age, class, and especially race in a way that reinscribes rather than questions dominant images generates lust within a BDSM context« (Bauer, 2008, S. 244).

In der BDSM-Szene können aber auch geschlechtliche und sexuelle Identitäten verkörpert werden, die die prekären Grauzonen von Zweigeschlechtlichkeit zwischen Intelligibilität und Nichtintelligibilität besetzen, die Männlichkeit und Weiblichkeit nicht notwendig wechselseitig ausschließen, sondern multiple Konfigurationen erlauben. Dies zeigt sich bei der Entfaltung nicht-binärer Formen sexueller und geschlechtlicher Identitäten, deren Sichtbarkeit und Intelligibilität im öffentlichen Raum infrage steht, wie queere, transsexuelle und transgender Identitäten (vgl. Bauer, 2012, 2014, S. 194–238). Darunter fallen zum Beispiel *cross dressing*, Männer ohne Penis, Frauen ohne Brüste, Männer, die sich penetrieren lassen, aggressive und dominante Frauen und schließlich Menschen, die mal Mann, mal Frau, mal beides oder keines von beiden sind. Als ein Beispiel zitiere ich die autoethnografische Schilderung von C. Jakob Hale, in der er die vielfältigen Sex/Gender-Status beschreibt, die sein_e Spielpartner_in während eines Besuchs der BDSM-Szene durchläuft:

»Geht mein Daddy beispielsweise zu einer *women only playparty*, muss sie zunächst Eintritt zahlen und eine Verzichtserklärung unterschreiben. Während dieser Begegnung hat sie den geltenden Sex/Gender-Status *Frau*, da sie eine Frau sein muss (wie auch immer dies von den OrganisatorInnen definiert ist), um an der Party teilnehmen zu dürfen. Da Daddy vor dem Spielen gerne ein bisschen mit Leuten plaudert, wird sie danach höchstwahrscheinlich ihre Spielzeugtasche verstauen und – in einer heißen Nacht – ihre Lederjacke an der Garderobe abgeben. Während dieser Zeit ist ihr geltender Sex/Gender-Status *Lederlesben Daddy*, denn dies ist die Kategorie, durch die ihre Interaktion mit anderen organisiert ist. Dies gilt insbesondere, jedoch nicht ausschließlich für die erotisierten Interaktionen. Sobald Daddy sich in eine Szene mit einem Butchschwuchtel-Boy begibt, sobald Daddys Schwanz – in Daddys phänomenologischem Erleben dieser Verkörperung durch Daddys Boy – zu einem spürbaren Schwanz geworden ist, ist Daddy möglicherweise einfach ein sehr männlicher schwuler Leder-Bärendaddy. Je nach spezifischem Inhalt der Interaktion zwischen Daddy, Daddys Boy und beliebigen weiteren Teilnehmern und Beobachtern, kann Daddy auch etwas ganz anderes sein. Das Denken in multiplen, kontext- und zweckspezifischen Gender-Status erlaubt es uns, dieses kulturelle Phänome[n] besser zu verstehen, als das Denken von (zwei oder mehr) einheitlichen Sex/Gender-Status« (Hale, 2005 [1997], S. 142f.).

Beide Spielarten – die Zwangsfeminisierung und die Entfaltung multipler geschlechtlicher Identitäten am Rande der Intelligibilität – verhalten sich zur prekären Flexibilisierung der Geschlechterverhältnisse.[16] Während die eine jedoch in einem dichotomen zweigeschlechtlichen Rahmen verbleibt und Tabus bestätigt, entwirft die andere neue Artikulationsweisen der symbolischen Ordnung der Geschlechter, die die verborgenen Tabus zwar nicht aufheben, wohl aber verschieben können.

---

16 Alex Dymock (2013) zufolge betreibt *Fifty Shades* ein ähnlich konservatives Spiel von Tabuverletzung einerseits und gleichzeitiger Bestätigung traditioneller Geschlechterstereotype andererseits. Genau diese Spannung artikuliert meines Erachtens das aktuell prekäre Geschlechterregime und die Fantasien, die seine Widersprüche produzieren.

Literatur

Althusser, L. (1977 [1970]). *Ideologie und ideologische Staatsapparate. Aufsätze zur marxistischen Theorie*. Hamburg: VSA.
Bataille, G. (1957). *L'Erotisme*. Paris: Minuit.
Bauer, R. (2008). Transgressive and transformative gendered sexual practices and white privileges: The case of the dyke/trans bdsm communities, *WSQ Women's Studies Quaterly 36*, 233–253.
Bauer, R. (2012). Spielplätze und neue Territorien – Das Erfinden von alternativen Geschlechtsidentitäten durch queere Communitys am Beispiel von BDSM-Praktiken. In B. Niendel & V. Weiß (Hrsg.), *Queer zur Norm. Leben jenseits einer schwulen oder lesbischen Identität* (S. 30–39). Hamburg: Männerschwarm.
Bauer, R. (2014). *Queer BDSM Intimacies. Critical Consent and Pushing Boundaries*. Houndmills: Palgrave Macmillan.
Butler, J. (1991 [1990]): *Das Unbehagen der Geschlechter*. Frankfurt/M.: Suhrkamp.
Dannecker, M. (1992). Die Lust am Verbot. In ders. (Hrsg.), *Das Drama der Sexualität* (S. 26–34). Hamburg: Europäische Verlagsanstalt.
Dymock, A. (2013). Flogging sexual transgression: Interrogating the costs of the ›fifty shades effect‹, *Sexualities, 16*(8), 880–895.
Easton, D. (2008). Shadowplay: S/M Journeys to Our Selves. In D. Langdridge, C. Richards & M. J. Barker (Hrsg.), *Safe, sane and consensual. Contemporary perspectives on sadomasochism* (S. 217–228). London: Palgrave Macmillan.
Foucault, M. (2001 [1963]). Vorrede zur Überschreitung. In ders., *Dits et Ecrits. Band 1* (S. 320–342). Frankfurt/M.: Suhrkamp.
Freeman, E. (2000). Packing history, count(er)ing generations. *New Literary History, A Journal of Theory & Interpretation, 31*, 727–744.
Freud, S. (1912–13a). *Totem und Tabu. GW IX*.
Hale, C. J. (2005 [1997]). Lederlesben Boys und ihre Daddies. Anleitung zum Sex ohne Frauen und Männer. In M. Haase, M. Siegel & M. Wünsch (Hrsg.), *Outside. Die Politik queerer Räume* (S. 127–145). Berlin: b_books.
Happ, R. (2000). Oetang! In D. Glynis & R. Happ (Hrsg.), *Ins Röckchen gezwungen* (S. 49–65). Nehren: Marterpfahl Verlag.
Haug, W. F. (2000). Die neuen Subjekte des Sexuellen. Volkmar Sigusch über Neoliberalismus und Neosexualität(en). In M. Dannecker & R. Reiche (Hrsg.), *Sexualität und Gesellschaft. Festschrift für Volkmar Sigusch* (S. 232–251). Frankfurt/M.: Campus.
Hauschild, H. P. (2001). Sexuelle Überschreitung als spiritueller Weg. In S. Mielchen & K. Stehling (Hrsg.), *Schwule Spiritualität, Sexualität und Sinnlichkeit* (S. 42–55). Hamburg: Männerschwarm.
Herrmann, S. K. (2005). Queer(e) Gestalten. Praktiken der Derealisierung von Geschlecht. In E. H. Yekani & B. Michaelis (Hrsg.), *Quer durch die Geisteswissenschaften. Perspektiven der Queer Theory* (S. 53–73). Berlin: Querverlag.
Illouz, E. (2013). *Die neue Liebesordnung. Frauen, Männer und Shades of Grey*. Frankfurt/M.: Suhrkamp.
Link, J. (1999). *Versuch über den Normalismus. Wie Normalität produziert wird*. Wiesbaden: Opladen.
Lorenz, R. (2009). *Aufwändige Durchquerungen. Subjektivität als sexuelle Arbeit*. Bielefeld: transcript.

Neuhaus, S. (2007). Tabu und Tabubruch im erotischen Film. In M. Braun (Hrsg.), *Tabu und Tabubruch in Literatur und Film* (S. 137–150). Würzburg: Königshausen & Neumann.
Pringle, R. (1989). *Secretaries talk – Sexuality, Power, and Work.* New York: Verso Books.
Rubin, G. (2003 [1984]). Sex denken: Anmerkungen zu einer radikalen Theorie der sexuellen Politik. In A. Kraß (Hrsg.), *Queer Denken. Gegen die Ordnung der Sexualität* (S. 31–79). Frankfurt/M.: Suhrkamp.
Sacher-Masoch, L. (1980 [1870]). *Venus im Pelz.* Frankfurt/M.: Insel.
Schröder, H. (2008). Phänomenologie und interkulturelle Aspekte des Tabus. *Kakanienrevisited, 28,* 1–11.
Sigusch, V. (2008). Was heißt Neosexualitäten? In A. Hill, P. Briken & W. Berner (Hrsg.), *Lust-voller Schmerz. Sadomasochistische Perspektiven* (S. 59–78). Gießen: Psychosozial-Verlag.
Wagner, E. (2014). *Grenzbewusster Sadomasochismus. SM-Sexualität zwischen Normbruch und Normbestätigung.* Bielefeld: transcript.
Weiss, M. (2011). *Techniques of Pleasure. BDSM and the Circuits of Sexuality.* Durham: Duke University Press.
Wetzstein, T.A., Steinmetz, L. & Reis, C. (1993). *Sadomasochismus. Szenen und Rituale.* Reinbek: Rowohlt.
Woltersdorff, V. (2008) Meine Dämonen füttern: Paradoxe Bearbeitungen von Geschlechtertabus in der sadomasochistischen Subkultur. In U. Fritsch, K. Hanitzsch, J. John & B. Michaelis (Hrsg.), *Geschlecht als Tabu: Orte, Dynamiken und Funktionen der De/Thematisierung von Geschlecht* (S. 99–114). Bielefeld: transcript.
Woltersdorff, V. (2010). Sexual Politics in Neoliberalism. Managing Precarious Selves. In A. Bührmann, A. Dorothea & S. Ernst (Hrsg.), *Care or control of the self? Norbert Elias, Michel Foucault, and the subject in the 21st century* (S. 210–222). Newcastle: Cambridge Scholars Publishing.
Woltersdorff, V. (2011). The Pleasures of Compliance: Domination and Compromise within BDSM Practice. In M. Varela, N. Dhawan & A. Engel (Hrsg.), *Hegemony and Heteronormativity. Revisiting ›The Political‹ in Queer Politics* (S. 169–188). Farnham: Ashgate Publishing.
Woltersdorff, V. (2012). Let's Play Master and Servant! Spielformen des paradoxen Selbst in sadomasochistischen Subkulturen. In R. Strätling (Hrsg.), *Spielformen des Selbst. Das Spiel zwischen Subjektivität, Kunst und Alltagspraxis* (S. 289–301). Bielefeld: transcript.
Woltersdorff, V. (2016). Sexual Ghosts and the Whole of History. Queer Historiography, Post-Slavery Subjectivities, and Sadomasochism in Isaac Julien's *The Attendant*. In C.F. Holzhey & M. Grangnolati (Hrsg.). (in Vorbereitung), *De/Constituting Wholes: Towards Partiality Without Parts*. Wien: Turia + Kant.

Vom liberalen zum kritischen Konsens

Ein empirischer Blick auf Praxen der Aushandlung von Konsens in queeren BDSM-Kontexten

Robin Bauer

Konsens, in der internationalen Diskussion als *(sexual) consent* bezeichnet, ist ein Kernelement des Selbstverständnisses von BDSM-Praktizierenden. Er ist das Hauptunterscheidungsmerkmal zwischen (einvernehmlichen) BDSM-Praxen und (sexueller) Gewalt, das BDSM-Praktizierende heranziehen (Langdridge & Butt, 2004, S. 40). Generell wird Konsens dabei sowohl in BDSM-Handbüchern als auch in Selbstdarstellungen der Szene nach außen als einfache Verhaltensregel und eindeutige Angelegenheit dargestellt:

> »While nowhere else in this book we will speak directly on behalf of the sadomasochistic community in total, here we will: We have chosen to do these activities, we have chosen the people with whom we share them, we know what we are doing, and what we are doing is consensual. Period« (Moser & Madeson, 1996, S. 71).

Dieses Zitat veranschaulicht den dogmatischen Status des Konzeptes von Konsens innerhalb der BDSM-Szenen. Das »Period« macht deutlich, dass es nicht zur Diskussion steht. Darüber hinaus wird Konsens hier so abgehandelt, als sei er völlig unproblematisch zu definieren und herzustellen. Das zeigt sich auch darin, dass der Begriff beispielsweise in der zitierten Quelle an keiner Stelle erläutert oder konkretisiert wird; er erscheint selbsterklärend.

Der liberale Ansatz konzipiert Konsens als eine Art Vertrag, der zwischen gleichberechtigten, autonomen Subjekten mit einem freien Willen eingegangen wird. Dabei wird unterstellt, dass das Individuum sich selbst transparent und in der Lage ist, den eigenen Vorstellungen entsprechend zu leben, was den Zugang zu ganz unterschiedlichen Ressourcen sozialer und materieller Art voraussetzt.

Dieser Ansatz blendet daher psychologische Faktoren ebenso aus wie gesellschaftliche Machtverhältnisse und Schieflagen in der Verteilung von Ressourcen. Der soziale Kontext, in dem Aushandlungen stattfinden, findet in einer solchen Perspektive folglich keine Berücksichtigung. In der breiten BDSM-Szene scheint sich ein ähnlich verkürztes Verständnis von Konsens etabliert zu haben, wie es sich auch im Zitat von Moser und Madison zeigt, in dem keine Rede von etwaigen Einschränkungen der Wahlfreiheit der Beteiligten ist. Der lesbische Feminismus kritisiert eine solche Sichtweise, beispielsweise mit der Argumentation, dass es in einer patriarchal geprägten Gesellschaft zur Sozialisation von Frauen gehöre, männlicher Dominanz zuzustimmen. Auf den BDSM-Bereich bezogen hieße das, dass die Freiwilligkeit einer Unterwerfung in einem Rollenspiel oder in einer BDSM-Beziehung infrage gestellt werden müsste. Eine Frau in der Bottomrolle würde lediglich demonstrieren, wie effektiv sie ihre Sozialisation als Frau internalisiert habe (vgl. Rian, 1982).

Beide Sichtweisen, die liberale und die lesbisch-feministische Anti-BDSM-Position werden der Komplexität des Problems nicht gerecht. Die liberale vernachlässigt die Effekte von Macht innerhalb menschlicher Interaktionen und versteht Individuen als autonom und mit einem freien Willen ausgestattet, während die lesbisch-feministische vor allem Frauen auf ihre gesellschaftliche Position reduziert, als gäbe es keinerlei Handlungsmöglichkeiten für sie. Problematisch ist hieran vor allem, dass es im Endeffekt keinerlei Unterschied macht, ob eine Frau bestimmten Handlungen zustimmt oder dazu gezwungen wird. In beiden Fällen erfüllt sie doch nur ihre Rolle als Opfer des Patriarchats. Wir benötigen jedoch Kriterien, um Sexualität von sexueller Gewalt unterscheiden zu können. Es gilt also, eine kritische Sichtweise auf Konsens zu entwickeln, die Machteffekte nicht außen vor lässt und diese nicht auf sexistische beschränkt, gleichzeitig aber nicht in die Falle läuft, Individuen jedwede Handlungsmacht und jeglichen Eigensinn abzusprechen und erwachsene Frauen als unmündig zu konstruieren.

Konsens wird bis heute vor allem erst dann thematisiert, wenn es um seine eindeutige Abwesenheit geht, beispielsweise in der Rechtsprechung zu Vergewaltigung. Hingegen gibt es kaum eine öffentliche Diskussion oder Forschung dazu, wie Konsens eigentlich im positiven Sinne definiert und aktiv hergestellt werden kann. In der Regel wird er unterstellt, solange sich niemand beschwert. Die BDSM-Szenen stellen daher mit ihrem Anspruch, Konsens explizit und häufig verbal auszuhandeln, eine kulturelle Ausnahmeerscheinung dar. Mit seiner expliziten Inszenierung und Aushandlung von Hierarchien besitzt BDSM dabei das Potenzial, die Idee von Sexualität und Privatsphäre als machtfreien Raum als illusionär zu entlarven und konkrete Techniken zur aktiven Herstellung von sexuellem Konsens in die Diskussion einzubringen.

Eine empirische Untersuchung les-bi-trans*-queerer BDSM-Praxen

Dieser Artikel basiert auf der ersten umfangreichen qualitativen empirischen Studie zu les-bi-trans*-queeren[1] BDSM-Praktiken (Bauer, 2014). Im Zeitraum von 2003 bis 2008 habe ich 49 semi-strukturierte Interviews mit selbstdefinierten lesbischen, bi/pansexuellen und queeren Frauen, Femmes, Butches, Transfrauen, Transmännern und Genderqueers in den USA und Westeuropa durchgeführt und ausgewertet. Meine Interviewpartner_innen habe ich dabei als Expert_innen für ihre eigenen Praxen, Identitäten, Beziehungen und Communitys adressiert. Die Interviews habe ich anonymisiert, transkribiert, sprachbereinigt und, sofern Interesse an weiterer Teilhabe an meiner Forschung bestand, autorisieren sowie ihren Einsatz in Veröffentlichungen verhandeln lassen. Die Analyse der Daten folgte weitestgehend der *Grounded Theory (GT)* (vgl. Bauer, 2013 für eine detaillierte Darstellung der Methodik und Methodologie der Studie), einem offen kodierenden Verfahren, das auf Thesenbildung vorab verzichtet und Theorien aus der Empirie zu erarbeiten sucht. Die GT-Techniken wie das kleinschrittige Zeile-für-Zeile-Aufbrechen und -Kodieren und In-Bezug-Setzen der Daten in mehreren Schritten zielt darauf ab, Aspekte im Material zu entdecken, die Forschenden ansonsten aufgrund eigener Vorannahmen entgehen, bis eine theoretische Sättigung erreicht ist, das heißt, nichts wesentlich Neues mehr auftaucht (vgl. Strauss & Corbin, 1990).

Meine Studie ist die erste, die einen empirischen Blick darauf wirft, wie Konsens unter queeren BDSMler_innen hergestellt wird. In diesem Beitrag analysiere ich die Konzepte von Konsens, die sich in meinen Interviews finden, besonders hinsichtlich der Frage, wie sie potenzielle Probleme wie Ungleichheiten in Beziehungen adressieren. Dabei zeigt sich die Notwendigkeit, ein liberales Verständnis von Konsens als Vertrag unter Gleichen zugunsten einer Konzeption von Konsens als kritisch in doppelter Hinsicht aufzugeben: Kritisch im Sinne, dass Konsens immer einen vorläufigen und instabilen Charakter aufweist und

---

[1] Im Folgenden verwende ich für diese spezifische Bandbreite von Identitäten die Kurzformel »queer«, obwohl nicht alle denkbaren queeren Existenzweisen gemeint sind (z.B. keine cis-männlichen).

dass die Rolle von Macht in Aushandlungsprozessen einen (selbst-)kritischen Umgang verlangt.

Aushandlungspraxen in queeren BDSM-Kontexten

Für Femmeboy[2] ist Konsens die Grundbedingung dafür, dass eine Aktivität als BDSM definiert werden kann: »Ansonsten ist es nicht BDSM, sondern Misshandlung, wenn man nicht seine Zustimmung gibt und jemand einen schlägt.«[3] Dieser Interviewausschnitt ist repräsentativ für die gesamte Stichprobe. Konsens gilt als wichtigstes Definitionskriterium von BDSM in Abgrenzung zu Gewalt, Misshandlung, Vergewaltigung, Unterdrückung usw., während BDSM in medizinischen, juristischen, medialen und öffentlichen Diskursen häufig mit diesen unterschiedlichen Formen der Gewaltausübung gleichgesetzt oder zumindest assoziiert wird. Für die Interviewpartner_innen jedoch ist Konsens elementar. Nur aufgrund der Tatsache, dass die Spielpartner_innen ihre Zustimmung geben, wirken BDSM-Interaktionen auf sie als sexuell stimulierend. Im Gegensatz zu Sexualstraftätern empfinden sie Abscheu gegenüber dem Gedanken, mit jemandem gegen deren Willen sexuelle oder andere körperlich intensive Handlungen durchzuführen. Während Zwang ein Element von sexuellen Fantasien sein kann, bedarf es in der Umsetzung in einer BDSM-Begegnung immer des Konsens.

In der Regel wird von den Interviewpartner_innen versucht, Konsens durch folgende Bausteine her- und sicherzustellen:

➢ durch ein Vorgespräch, in der außerhalb der Rollen verhandelt wird, wer welche Rolle einnimmt, was für eine Art von BDSM-Spiel stattfinden soll und vor allem was die Grenzen der Teilnehmer_innen sind, die es absolut zu wahren gilt

➢ durch ein Vetorecht während der eigentlichen BDSM-Interaktion, beispielsweise in der Form eines Codewortes, dessen Einsatz die Session stoppt

➢ durch fortlaufende (verbale, non-verbale) Kommunikation während der Session

➢ durch eine Evaluation nach Abschluss der Session, direkt im Anschluss und/oder später (vgl. auch Newmahr, 2011, S. 76ff.)

---

2 Alle Namen stellen Aliasse dar, die entweder von den Interviewpartner_innen selbst gewählt oder vom Autor zugewiesen wurden.
3 Ausschnitte aus Interviews, die in Englisch geführt wurden, wurden vom Autor übersetzt.

Wie diese Techniken der Aushandlung interpretiert und konkret umgesetzt werden, variiert dabei stark und ist beispielsweise vom Vertrautheitsgrad der Beteiligten und der Art der Session abhängig. Bei einer ersten Begegnung besteht mehr Bedarf nach Austausch als in einer langjährigen Beziehung; bei einem Rollenspiel, in dem eine Vergewaltigung inszeniert wird, muss mehr vorab geklärt werden als in einer reinen Floggingsession unter Freund_innen, in der das Bottom jederzeit direktes Feedback geben kann, ohne aus der Rolle zu fallen. Die Verhandlungen können sehr formell, selbst schriftlich, erfolgen oder eher informell, beispielsweise durch eine längere Phase des Austauschs von sexuellen Fantasien auf eine flirtende Art.

Der Grad der Detailliertheit der Absprachen kann ebenfalls stark variieren. In der Regel einigen sich die Spieler_innen auf einen Rahmen, beispielsweise eine bestimmte Art von Rollenspiel und/oder bestimmte Praxen. Die Top erhält dann einen gewissen Entscheidungsspielraum, was die konkrete Ausführung betrifft. So bleibt zum einen Raum für Spontanität, Improvisation und überraschende Wendungen, zum anderen wird die Top nicht zum_zur Erfüllungsgehilf_in, sondern kann innerhalb vereinbarter Grenzen ihre Dominanz ausdrücken und die Kontrolle übernehmen.

Schließlich zeigt sich in den Interviews, dass Absprachen nur auf Widerruf als gültig betrachtet werden können. Dies hängt mit der Unberechenbarkeit von Begehren zusammen, wie Firesong beobachtet: »Aber Konsens ist eine seltsame Angelegenheit, denn eine Sache, die ich als knifflig erfahren habe, ist, dass wenn ich in einer Session bin, es sich manchmal ändert, was ich will. Daher finde ich es manchmal schwierig vorab zu verhandeln.« Gerade für Neueinsteiger_innen ist es häufig noch gar nicht so deutlich, welche Fantasien sich auch umsetzen lassen und welche sich in der BDSM-Realität ganz anders anfühlen als erwartet. Aber selbst erfahrene Spieler_innen können sich mit unerwarteten körperlichen Reaktionen oder psychologischen Dynamiken konfrontiert sehen. Konsens kann somit nicht einfach einmalig ausgehandelt werden, sondern hat einen notwendigerweise vorläufigen und situativen Charakter. Es stellt sich die Frage, ob Begehren nicht bei aller Selbsterkundung und Erfahrung grundsätzlich ein Stück weit unberechenbar bleibt und Prozesse der Herstellung von Konsens notwendigerweise nicht nur einen rationalen, sondern auch affektiven Charakter besitzen.

Daher sind zum einen eine fortlaufende Kommunikation während einer Interaktion, zum anderen die Option, eine Handlung jederzeit abzubrechen, auch wenn man vorab seine Zustimmung dazu gegeben hat, von elementarer Bedeutung. In den Worten Femmeboys:

»Für mich ist der Grund, warum Konsens funktioniert, dass es auch noch mit Abbruchcodes kombiniert ist. Wenn man also vorab seine Zustimmung gibt: ›dies sind die Dinge, die stattfinden können‹, aber man es während des Spiels doch nicht möchte, dass es passiert, dann kann man einfach sein Codewort benutzen und nein sagen.«

Dieses Vetorecht ist eine Praxis innerhalb der BDSM-Kultur, die das Respektieren von Grenzen auch dann sicherstellen soll, wenn etwas Unvorhergesehenes auftritt, sei es einfach ein Limit, das vergessen wurde zu nennen oder sei es ein plötzlicher Stimmungswandel. Das Respektieren von Grenzen spielte für Interviewpartner_innen eine so zentrale Rolle, dass sie eine Begegnung in der Praxis im Nachhinein als konsensuell bezeichnen würden, wenn ihre Grenzen respektiert bzw. nicht absichtlich überschritten wurden. Das Vetorecht betont die Vorläufigkeit der Absprachen und ist ein erster Schritt, den affektiven und unberechenbaren Aspekten im Herstellungsprozess von Konsens gerecht zu werden.

Das Vetorecht wird häufig durch Codewörter praktisch umgesetzt. Jedoch gibt es einerseits Situationen, in denen Interviewpartner_innen ihre Codewörter nicht benutzten, weil sie beispielsweise so sehr in eine Rolle eingetaucht waren, dass sie schlicht nicht mehr darauf kamen, es einzusetzen. Sie wiesen auch darauf hin, dass das Codewort nur hilfreich ist, wenn man darauf vertrauen kann, dass der_die Spielpartner_in es auch respektiert. Andererseits gibt es auch Spielbeziehungen, in denen Konsens ohne Codewörter herstellbar ist, beispielsweise wenn eine direkte Kommunikation möglich ist, ohne das Spiel zu stören, oder wenn in einer Beziehung über einen längeren Zeitraum Vertrauen aufgebaut wird.

Die Bedeutung von Kommunikation in der Herstellung von Konsens wurde in den Interviews immer wieder unterstrichen und von Tanya auf den Punkt gebracht: »Konsens steht und fällt mit der offenen, ehrlichen Kommunikation zwischen Menschen.« Kommunikation findet in BDSM-Interaktionen sowohl vorab statt als auch während der Session selbst verbal und non-verbal, direkt und verklausuliert als Teil des Spiels. Tops müssen beispielsweise lernen, Körpersprache zu deuten, und Bottoms müssen lernen zu signalisieren, in welchem Zustand sie sich befinden. Bottoms sind somit nicht »passiv« und die Kommunikation ist keine Einbahnstraße, sondern es handelt sich um eine aktive, kontinuierliche Zusammenarbeit, damit in einer Session Grenzen gewahrt werden und sie als einvernehmlich erlebt wird.

Manche Sexualwissenschaftler_innen deuten das Konzept kommunikativer Sexualität als eine neue Form der Sexualmoral, der Verhandlungsmoral. Sie kritisieren diese Entwicklung als eine Rationalisierung von Sexualität (Schmidt, 1998).

Aus einer solchen Perspektive erscheinen Aushandlungsprozesse künstlich. Sie würden Spontanität nicht zulassen, Leidenschaft verhindern sowie allgemein der Erotik zuwiderlaufen, da diese gerade in der Überschreitung der Grenzen des Verstandes liege. Diese Kritik an kommunikativer Sexualität scheint sich ebenfalls in empirischen Studien mit heterosexuellen Nicht-BDSM-Stichproben zu bestätigen. Zum Beispiel wird indirekte Kommunikation bevorzugt, da sie den Zugang zu Sexualität ermöglicht und gleichzeitig eine explizite Zurückweisung und damit verbundene Verlegenheit vermeidet (Hickman & Muehlenhard, 1999, S. 270). Statt als Einschränkung von Leidenschaft und Romantik erfuhren Interviewpartner_innen hingegen die Aushandlungspraxen und direkte Kommunikation als ergebnisoffene Prozesse, die ihre Optionen in einer BDSM-Begegnung erweiterten. Der Austausch über sexuelle Fantasien kann die sexuelle Handlung erweitern und bereits eine erotische Atmosphäre schaffen. Das Wissen um Limits der Spielpartner_innen gibt die Sicherheit, sich voll ausleben zu können, experimentieren zu können ohne die Angst, ungewollt Grenzen zu verletzen. Sexuelle Vorlieben zu kommunizieren erhöht die Qualität der Interaktionen für die Mehrheit der Interviewpartner_innen und entmystifiziert gängige Vorstellungen von Romantik und Leidenschaft insofern, als es mit der Vorstellung, der_die Partner_in müsse und könne die Gedanken des Gegenübers lesen, aufräumt. Kommunikative Sexualität kann so die Gefahr sexueller Grenzverletzungen vermindern. Gerade im BDSM-Bereich, in dem gleichzeitig viel mit Grenzen, Macht und Tabus gespielt wird, nimmt dies keineswegs die Spannung und den Kitzel aus den Begegnungen, da genügend Raum für Spontanität bleibt. Das Ablehnen von Spielangeboten gehört dabei in einem generell lustbejahenden sozialen Kontext dazu und wurde in den Interviews nicht als problematisch angesehen. Im Gegenteil: Das Nein-Sagen-Können wird als wichtige Kompetenz zum Wahren der eigenen Grenzen und zum Herstellen von Konsens betrachtet und wertgeschätzt.

Working von Pseudo-Konsens unterscheiden

In den Interviews wurden Situationen beschrieben, in denen es so scheint, als wäre Konsens vorhanden, wenn dies gar nicht der Fall ist. Daraus leitet sich die Notwendigkeit ab, zwischen Pseudo- und validem Konsens zu unterscheiden.

Erfolgreich ausgehandelten Konsens bezeichne ich als *working consent*, weil Konsens Arbeit bedarf (Arbeit am Selbst, um die eigenen sexuellen Wünsche zu erkunden und benennen zu können, sowie interpersonelle Fähigkeiten wie Kommunikation und Aushandlung), weil es sich aufgrund des vorläufigen Charakters von Konsens immer um *work in progress*, einen unabgeschlossenen Prozess, handelt und weil es dennoch für die Beteiligten in der jeweiligen Situation funktioniert (»it works for them«). *Working consent* basiert eher auf persönlicher Integrität und der Respektierung der Grenzen des Gegenübers als auf dem Mythos der Gleichheit der Partner_innen. *Working consent* ist letztendlich ein Effekt einer persönlichen Evaluation im Nachhinein, wenn die Konsequenzen einer Begegnung sich entfaltet haben. Wobei zu bedenken ist, dass als negativ empfundene emotionale Nachwirkungen einer Session oder die schlechte Qualität einer Begegnung nicht notwendigerweise mit einem Mangel an Konsens zu tun haben. So kann konsensueller Sex dennoch »schlechter Sex« sein oder als Auslöser eines Traumas etc. fungieren. Umgekehrt bedeutet als lustvoll erlebte Sexualität noch nicht, dass eine explizite Zustimmung stattgefunden hat. In diesem Abschnitt werde ich einige mögliche Stolpersteine bei der Herstellung von Konsens aufzeigen und darstellen, wie Interviewpartner_innen mit diesen Problematiken versuchen umzugehen.

Zunächst einmal kann die (verbale) Kommunikation, deren Bedeutung im vorangegangenen Abschnitt herausgearbeitet wurde, unzuverlässig sein. Katharina reflektiert dieses Problem folgendermaßen:

> »OK, wie kann ich überhaupt kommunizieren, was ich möchte, wie können andere Leute kommunizieren, was sie möchten? Weil das ja nicht unbedingt immer das gleiche ist, wie ich das kann und will. Und da eben auch immer weiter zu lernen wie, und das Repertoire auch zu erweitern: wie kann ich Antworten kriegen, wie kann ich rausfinden, ob jemand jetzt einfach nur so ja sagt irgendwie, weil er/sie sich nicht traut, nein zu sagen?«

In diesem Zitat wird die Komplexität gelingender Kommunikation bereits deutlich. Gerade im Bereich der Sexualität kann nicht unterstellt werden, dass jeder Mensch die Fähigkeit mitbringt, seine Wünsche, Gefühle und Ängste klar und deutlich zu kommunizieren. Dies wird häufig gerade erst in den Aushandlungsprozessen gelernt.

Der Mangel an Selbstvertrauen oder Selbstbehauptung in einer Verhandlungssituation, in der man möglicherweise dem Gegenüber gefallen möchte, sich bedürftig fühlt etc., stellt ein weiteres potenzielles Problem dar, das von mehreren Interviewpartner_innen thematisiert wurde. Persönliche Eigenschaften wie Selbstvertrauen, Durchsetzungsfähigkeit, Schüchternheit, Aussehen (und damit verbunden ggf. das Wissen um den eigenen »sexuellen Marktwert«) etc., die zwar auch mit materiellen und kulturellen Ressourcen zusammenhängen, aber nicht durch diese determiniert werden, können die Verhandlungsmacht in einer konkreten Konstellation und Situation mit beeinflussen. Die Interviewpartner_innen wiesen beispielsweise auf die Gefahr hin, die eigenen Grenzen zu ignorieren, um das Interesse eines_einer bestimmten potenziellen Spielpartner_in zu wecken oder um zu beweisen, dass man eine »gute Bottom« (im Sinne von »hart im Nehmen« oder »gehorsam«) sei, oder aus Scham, eine aufwendig vorbereitete Session abzubrechen. Für manche Bottoms scheint es dabei schwierig zu sein, zwischen Bottomrolle im Spiel und Alltagspersönlichkeit während der Aushandlung trennscharf zu unterscheiden. Sie wollten beispielsweise »gute Jungs« sein und ihrer Top auch über die Session hinaus »gehorchen«. Wenn sich eine Bottom unbeabsichtigt bereits vor dem Spiel unterwirft, verwischen die Ebenen der Realitäten (BDSM vs. Alltag) und die Aussagekraft der Vorverhandlung wird unzuverlässig. Es bedarf also einer Reflexion solcher Fallstricke und Strategien, ihnen zu begegnen, um zu einem *working consent* zu gelangen. Terrys Partnerin fühlte sich beispielsweise zu unterwürfig in seiner Gegenwart, um angemessen ihre eigenen Interessen in Verhandlungen vertreten zu können. Daher verhandelten sie grundsätzlich per E-Mail anstatt von Angesicht zu Angesicht. Die räumliche Distanz ermöglichte Terrys Partnerin, sich selbst zu behaupten. Hier handelt es sich um eine einfache praktische Lösung für unbeabsichtigte Machtdynamiken während der Vorverhandlung. In anderen Fällen genügt es, außerhalb des BDSM-Kontextes zu verhandeln, um diese Ebenen nicht zu verwischen, beispielsweise in einem Café.

Auch der Grad der Erfahrung mit BDSM-Praxen und Aushandlung spielt eine Rolle. Einige Interviewpartner_innen berichteten von Situationen, in denen ihr Mangel an Wissen über die Regeln im BDSM ausgenutzt wurde, um sie nichtkonsensuell zu dominieren, beispielsweise indem vorgegaukelt wurde, jedes Top habe in der Szene jedem Bottom gegenüber gewisse Rechte. Hier wird auch deutlich, dass Konsens nicht nur eine »private« Angelegenheit zwischen zwei Individuen ist, sondern die BDSM-Szene als Ganzes mitverantwortlich ist, eine Kultur des Konsens zu schaffen. Dies ist in der Vergangenheit unter anderem an der Stigmatisierung von BDSM als Gewalt gescheitert, aufgrund dessen die BDSM-Szene sich ein Selbstverständnis in Abgrenzung zu Gewalt erarbeitet hat. Dieses kann aber, wenn, wie zu Beginn dieses Beitrags beschrieben, dogmatisch unterstellt wird, dass Konsens im BDSM immer vorhanden ist, eine Diskussion über Übergriffe innerhalb der Szene verhindern (vgl. auch Barker, 2013). Erst in jüngster Zeit ist in der internationalen heterosexuellen BDSM-Szene eine hitzige Diskussion über Missbrauch innerhalb der Szene entbrannt, die zeigt, dass die Allgegenwärtigkeit von Konsens eher ein Anspruch als flächendeckend umgesetzt ist (Clark-Flory, 2012). Viele der Gründe für das Vorkommen von sexuellen Übergriffen in der BDSM-Szene unterscheiden sich nicht von denen in der breiten Gesellschaft, wie das »Victim-

Blaming« oder stereotype Vorstellungen über die Rolle von Frauen und Männern in sexuellen Interaktionen (vgl. auch Barker, 2013), jedoch gibt es auch BDSM-spezifische Problematiken. Beispielsweise ist ein typisches Persönlichkeitsmerkmal von Täter_innen im Bereich häuslicher und sexueller Gewalt ein hohes Bedürfnis nach Macht und Kontrolle über andere (Elliot, 1996, S. 3f.). Dies können nun aber genau wünschenswerte persönliche Eigenschaften eines dominanten Spielpartners sein, sofern sie sich auf die Spielebene beschränken. So mag es auf den ersten Blick nicht immer deutlich sein, welche Art von dominanten Verhalten konsensuell und erwünscht ist und welche sich ungewollt in den Alltagspersönlichkeiten fortsetzt. Darüber hinaus sehen Opfer eines Übergriffes im BDSM-Kontext aufgrund der Stigmatisierung womöglich davon ab, sich Hilfe zu holen, bzw. sind viele Institutionen nicht entsprechend geschult, um BDSM von Gewalt zu unterscheiden.

Ein zentrales Problem in der Herstellung von Konsens ist, wie Machtdynamiken zwischen einzelnen Individuen die Aushandlungsprozesse beeinflussen:

> »Wir haben alle Macht übereinander auf verschiedene Arten. [...] Und man kann nicht wirklich messen: ›Ich habe so und so viel Privilegien durch meine Art Privileg und du hast so und so viel Privilegien aufgrund deiner konventionellen Körperlichkeit [Nicht-Behinderung].‹«

Teresa erläutert in diesem Interviewausschnitt, dass die sozialen Machtbeziehungen zwischen Menschen komplex sind und nicht einfach addiert oder quantitativ verglichen werden können, um einen sinnvollen Umgang mit ihnen zu finden. Stattdessen schlägt sie vor, »sich der Machtdynamiken, die stattfinden, so bewusst wie möglich zu sein und aktiv daran zu arbeiten, die eigenen Privilegien infrage zu stellen und aktiv gegen die Privilegien, die man besitzt, zu arbeiten«. Hier geht es also um langwierige Prozesse der Reflexion gesellschaftlicher Machtverhältnisse, der eigenen Positionierung darin, Verantwortung für die eigenen Privilegien zu übernehmen und entsprechend zu handeln, beispielsweise in einer Art Alltagspolitik, wenn es um die Aushandlung einer BDSM-Session geht. Teresa glaubte angesichts omnipräsenter struktureller Machtverhältnisse nicht an die Möglichkeit eines »Konsens unter Gleichen« im liberalen Sinne, stattdessen versteht sie unter Konsens situative gegenseitige Übereinkünfte:

> »Zwischen zwei Personen, ob nun eine Person Macht über die andere hat oder nicht, kann man nach seinen besten Möglichkeiten versuchen zu eruieren, welche Interaktion zwischen einem selbst und der anderen Person von beiden Leuten am meisten gewünscht/begehrt [*desired*] wird.«

In einer solchen Perspektive wird kein »freier Wille« der Individuen unterstellt, sondern die Allgegenwart von Machtstrukturen wird anerkannt. Konsens wird dann zu einer Vereinbarung, die für alle Beteiligten in irgendeiner Form gewinnbringend ist, und beschränkt sich auf das Finden eines gemeinsamen Nenners in einer konkreten Situation, wie eine Art einstweilige Allianz. Darüber hinaus spricht Teresa hier von Begehren, was wiederum den affektiven Charakter der Herstellung von Konsens (im Gegensatz zum rein rationalen) betont. Das hegemoniale, heteronormative Modell von sexuellem Konsens operiert noch stets in einer Logik des Mannes als Initiator sexueller Kontakte und beschränkt die Rolle der Frau auf Reaktionen auf seine Avancen; sie kann zulassen, mitspielen oder sich verweigern (vgl. Barker, 2013). Konsens im les-bi-trans*-queeren BDSM hingegen beruht auf aktiver Zusammenarbeit in den Aushandlungsprozessen.

Jenseits der Dichotomie von Freiheit und Zwang: Vom liberalen zum kritischen Konsens

Angesichts der Akzeptanz von Ungleichheiten unter den Aushandelnden, die jedoch mit einer Art Verhandlungsmacht ausgestattet sind, die sich beispielsweise aus der Kraft des eigenen Begehrens speist, konstruieren sich die Interviewpartner_innen in ihren Interaktionen als Individuen, die stets sozial verortet und mit Handlungsfähigkeit *(agency)* ausgestattet sind. Im Sinne des Freiheitsbegriffs von Foucault stehen ihnen gewisse Möglichkeiten zur Verfügung, um in einem von Macht durchzogenen Feld zu handeln (1982; 1996, S. 386). Diese Handlungsfähigkeit ist eingeschränkt, aber es kann in Aushandlungsprozessen auf sie zurückgegriffen werden, mehr noch, sie kann in diesen Prozessen gelernt und performativ hergestellt werden. Daraus folgt, dass eine vollkommen freie Wahl eine Illusion ist und dass Konsens immer relativ zu den gegebenen alternativen Wahlmöglichkeiten ist:

> »To say that sexual consent will always be constructed within power relations is not to suggest the impossibility of ›real consent‹ but it is to call into question liberal consent (that is a consent negotiated in the absence of power)« (Sullivan, 2004, S. 137).

Sullivan fordert, Identitäten auf eine Art und Weise zu konstruieren, die die Fähigkeit, sein Einverständnis zu geben, stärkt. Beispielsweise würde die Konzipierung von Sexarbeit als *Arbeit* die Handlungsmacht von Sexarbeiter_innen erhöhen, da so neue Möglichkeiten entstünden, bessere Arbeitsbedingungen einzuklagen (ebd.). Dieser Ansatz, Handlungsfähigkeit innerhalb begrenzter Wahlmöglichkeiten zu betonen und seine sexuellen Praxen auf eine Art und Weise zu gestalten, dass sie Handlungsmacht verstärken, verfolgen meine Interviewpartner_innen als performative politische Strategie. Manche wenden eine Als-ob-Strategie an. Sie verhalten sich, als ob sie die Kontrolle über bestimmte Situationen hätten, obwohl sie gleichzeitig ein Bewusstsein für die Grenzen ihrer Wahlmöglichkeiten durch soziale Strukturen wie Sexismus, Rassismus usw. besitzen. Diese performative Strategie scheint bis zu einem gewissen Punkt zu funktionieren, vor allem im queeren BDSM-Kontext, der eine Art außeralltäglichen Raum für das Experimentieren mit dem Herstellen von Konsens und dem Erkunden von Machtdynamiken darstellt. Dies impliziert, dass ein Paradigmenwechsel zu einer sexuellen Kultur eines aktiven Herstellens von Konsens hilfreich wäre, um die sexuelle Subjektivität und Handlungsmacht von Frauen und trans*Personen zu stärken, anstatt sich auf eine Diskussion sexueller Gewalt zu beschränken, indem beispielsweise die »Nein heißt nein«-Perspektive durch einen »Ja heißt ja«-Ansatz ergänzt wird (vgl. Friedman & Valenti, 2008). Die Aushandlungspraxen der queeren BDSM Szenen sind ein guter Ansatzpunkt, um eine solche (selbst-)reflexive, machtsensible und zugleich lustbejahende sexuelle Kultur zu schaffen. Sie können daher als eine Praxis des kritischen Konsens interpretiert werden. Kritisch sind die Praxen der Herstellung zum Konsens zum einen, wenn sie die inhärenten strukturellen und situativen Einschränkungen einer Aushandlung reflexiv in die Art der Aushandlung mit einbeziehen, also beispielsweise damit rechnen, dass Missverständnisse inhärenter Teil von Kommunikation sind oder das Problem adressieren und dass Machtungleichgewichte in sozialen Interaktionen der Normalfall anstatt die Ausnahme sind; kritisch zum anderen, weil Konsens aufgrund der notwendigen Beschränkungen rationaler Kontrolle über soziale Interaktionen und Beziehungen immer kritisch im Sinne von vorläufig und prekär bleiben muss. Das Herstellen und Sicherstellen von Konsens muss daher immer als kontinuierlicher, unabgeschlossener Prozess anstatt einer einmaligen Absprache verstanden werden.

Schluss

Die Abwesenheit eines »Nein« reicht nicht für die Herstellung von Konsens aus. Stattdessen sollte Konsens als eine aktive, kontinuierliche und kommunikative Zusammenarbeit zum Wohle aller Beteiligten verstanden werden, die sicherstellt, dass ihr jeweiliger Sinn persönlicher Integrität nicht verletzt wird. Dabei müssen Machtdynamiken struktureller und individualisierter Art ebenso reflexiv berücksichtigt werden wie die Schwächen menschlicher Kommunikation im Allgemeinen und hinsichtlich von Sexualität, die immer noch mit Scham besetzt ist, im Besonderen. Dann wird es möglich, dass Konsens zwar nicht unter Gleichen (was praktisch unmöglich ist) ausgehandelt wird, aber unter unterschiedlich positionierten Akteuren_innen, die zumindest eingeschränkt handlungsfähig sind und daher auf ein Mindestmaß an Verhandlungsmacht zugreifen können, um ihre Grenzen zu wahren und ihre sexuellen Fantasien auszuleben. Dies stellt einen Perspektivwechsel weg von liberalen und *Rational-choice*-Ansätzen zu Konsens hin zu ausgehandeltem, affektiven und kritischen Konsens dar. Davon können nicht nur BDSMler_innen profitieren, sondern alle Menschen, die sexuell aktiv sind.

Literatur

Barker, M. (2013). Consent is a grey area? A comparison of understandings of consent in fifty shades of grey and on the bdsm blogosphere. *Sexualities, 16*(8), 896–914.
Bauer, R. (2013). *Dyke+Queer BDSM as Exuberant Intimacy. Exploring Intimate Difference and Power.* Dissertation: Universität Hamburg.
Bauer, R. (2014). *Queer BDSM Intimacies. Critical Consent and Pushing Boundaries.* Houndmills: Palgrave.
Clark-Flory, T. (2012). When safe words are ignored. http://www.salon.com/2012/01/29/real_abuse_in_bdsm/ (01.03.2012).
Elliot, P. (1996). Shattering illusions. Same-sex domestic violence. *Journal of Gay and Lesbian Social Services, 4*(1), 1–8.
Foucault, M. (1982). The Subject and Power. *Critical Inquiry, 8*(4), 777–795.
Foucault, M. (1996). *Foucault Live. Collected Interviews, 1961–1984.* Hrsg. v. S. Lotringer. New York: Semiotext(e).
Friedman, J. & Valenti, J. (Hrsg.). (2008). *Yes means yes! Visions of Female Sexual Power & A World Without Rape.* Berkeley, CA: Seal Press.
Hickman, S. E. & Muehlenhard, C. L. (1999). »By the semi-mystical appearance of a condom«. How young women and men communicate sexual consent in heterosexual situations. *Journal of Sex Research, 36*(3), 258–272.
Langdridge, D. & Butt, T. (2004). A hermeneutic phenomenological investigation on the construction of sadomasochistic identities. *Sexualities 7*(1), 31–53.
Moser, C. & Madeson, J. J. (1996). *Bound to be free. The SM Experience.* New York: Continuum.
Newmahr, S. (2011). *Playing on the Edge. Sadomasochism, Risk, and Intimacy.* Bloomington: Indiana University Press.
Rian, K. (1982). Sadomasochism and the Social Construction of Desire. In R. Linden et al (Hrsg.), *Against Sadomasochism* (S. 45–50). Palo Alto, CA: Frog in the Well.

Schmidt, G. (1998). *Sexuelle Verhältnisse. Über das Verschwinden der Sexualmoral.* Reinbek: Rowohlt.

Strauss, A.L. & Corbin, J. (1990). *Basics of Qualitative Research. Grounded Theory Procedures and Techniques.* Newbury Park: Sage.

Sullivan, B. (2004). Prostitution and Consent. Beyond the Liberal Dichotomy of ›Free or Forced‹. In M. Cowling & P. Reynolds (Hrsg.), *Making Sense of Sexual Consent* (S. 127–140). Ashgate: Aldershot & Burlington.

Autorinnen und Autoren

Robin Bauer, Dr., ist Vertretungsprofessor an der Fakultät Sozialwesen der DHBW Stuttgart. Er studierte Erziehungswissenschaften, Philosophie und Chemie an der Universität Hamburg und promovierte zu queeren BDSM Praxen und Intimitäten in der Soziologie. Seine Forschungsschwerpunkte neben BDSM sind Queer Theorie, Transgender Studies, Mono-Normativität und Polyamorie sowie queer-feministische Naturwissenschaftskritik.

Ada Borkenhagen, PD Dr. phil. habil. Dipl.-Psych., ist Psychologische Psychotherapeutin, Psychoanalytikerin sowie Lehr- und Kontrollanalytikerin der DPG. Sie ist Privatdozentin an der Universitätsklinik für Psychosomatische Medizin und Psychotherapie der Otto-von-Guericke-Universität Magdeburg und war Inhaberin der Dorothea-Erxleben-Gastprofessur an der Medizinischen Fakultät der Universität Magdeburg. Zudem ist sie Mitbegründerin des Colloquium Psychoanalyse und erste Vorsitzende des Vereins Colloquium Psychoanalyse. Ihre Forschungsschwerpunkte sind Körperoptimierung, Schönheitschirurgie und Schönheitsmedizin, Weiblichkeit, Identitäts- und Persönlichkeitsstörungen sowie Gen- und Reproduktionsmedizin. Im Psychosozial-Verlag erschien 2016 der Band *Schönheitsmedizin. Kulturgeschichtliche, ethische und medizinpsychologische Perspektiven*, den sie unter anderem zusammen mit Elmar Brähler herausgab.

Elmar Brähler, Prof. Dr. rer. biol. hum., war bis 2013 Leiter der Abteilung für Medizinische Psychologie und Medizinische Soziologie der Universität Leipzig. Er ist Gastwissenschaftler an der Klinik und Poliklinik für Psychosomatische Medizin und Psychotherapie der Universitätsmedizin Mainz. 2016 veröffentlichte er im Psychosozial-Verlag unter anderem zusammen mit Ada Borkenhagen den

Band *Schönheitsmedizin. Kulturgeschichtliche, ethische und medizinpsychologische Perspektiven* sowie die von ihm zusammen mit Oliver Decker und Johannes Kiess herausgegebene Leipziger »Mitte«-Studie *Die enthemmte Mitte. Autoritäre und rechtsextreme Einstellung in Deutschland.*

Norbert Elb, Dr. phil., Jg. 1952, ist seit 2013 Dozent für Sexualität im Alter bei maxQ im Berufsförderwerk Heidelberg und seit 2012 systemischer Paarberater und Sexualtherapeut. Von 2007 bis 2013 war er als Dozent für sexualwissenschaftliche Fragen am Institut für Soziologie der Goethe-Universität Frankfurt am Main tätig. Seine Forschungsgebiete sind Psychologie von (BD)SM-Paaren und -Partnerschaften, Polyamory, Sexualität im Alter und systemische Theorie. Zum Thema Sexualwissenschaft veröffentlichte er im Psychosozial-Verlag 2006 *SM-Sexualität: Selbstorganisation einer sexuellen Minderheit* sowie 2008 »Liebe/Erotik-Dilemma und kontrollierte Promiskuität in SM-Beziehungen« in dem unter anderem von Andreas Hill herausgegebenen Band *Lust-voller Schmerz. Sadomasochistische Perspektiven.* 2014 erschien von ihm zudem »Outlines of the social, cultural and legal aspects of BDSM in Germany« in dem von Peter Kuize und Paul Gruter herausgegebenen Buch *Aan handen en voeten gebonden. Mis(ver)standen rond BDSM-scenes en de toereikendheid van zorg en recht.*

Lilian-Astrid Geese lebt in Berlin und ist als Konferenzdolmetscherin (AIIC) und Übersetzerin für Englisch, Französisch und Spanisch mit den Schwerpunktthemen Kunst, Kultur(-wissenschaft), Literatur, Film und Theater tätig. Nebenberuflich rezensiert sie Bücher und Filme und schreibt für das Berliner Kultur-Blog berlin-ist.de. Ihre virtuelle Fotogalerie *vue comunicada* präsentiert auf ihrer Website www.comunicada.de wechselnde Ausstellungen von Arbeiten befreundeter Fotografinnen und Fotografen. Zuletzt veröffentlichte sie den Aufsatz »Eine Stimme mehr. Simultandolmetschen für die Bühne« in dem von Yvonne Griesel 2014 herausgegebenen Buch *Welttheater verstehen.*

Bernd Heimerl, Dr. rer. nat. Dipl.-Psych., ist Psychologischer Psychotherapeut, Psychoanalytiker (DGPT/DPG/IPA) und Gruppenanalytiker (D3G). Er ist als stellvertretender Vorsitzender und Dozent am Berliner Institut für Psychotherapie und Psychoanalyse (BIPP) tätig und seit 2013 Delegierter der Psychotherapeutenkammer Berlin. Zudem ist er Mitglied im Forum psychoanalytischer Wissenschaften am BIPP sowie Lehrbeauftragter an der Medizinischen Hochschule Brandenburg im Fachbereich Klinische Psychologie und Psychoanalyse. Seine Interessenschwerpunkte sind Interdisziplinarität in der Psychoanalyse (Rezeption der Psychoanalyse in Philosophie, Literatur, Theater und Film), Geschlechterkonstruktionen in der Psychotherapie, Darstellungspraxis und Wissensvermittlung in der Psychoanalyse.

Christoph Klotter, Prof. Dr. habil., Dipl. Psych., ist Psychologischer Psychotherapeut und Psychoanalytiker. Er ist Dekan und Vizepräsident an der HS Fulda und hat dort zudem eine Professur für Ernährungspsychologie und Gesundheitsförderung am Fachbereich Oecotrophologie inne. Er ist Wissenschaftlicher Mitarbeiter am Institut für Psychologie an der TU Berlin, Projekt- und Institutsleiter im Bereich Gesundheitsförderung sowie Hochschulassistent am IfP der TU Berlin. Sein Studium absolvierte er in den Fächern Mathematik, Philosophie und Psychologie in Kiel und Berlin.

Sibylle Schulz, Dipl. rer. com., ist wissenschaftliche Mitarbeiterin am Kompetenzzentrum Corporate Communications der Hochschule für angewandte Wissenschaften Neu-Ulm und Promovendin an der Filmuniversität Babelsberg Konrad Wolf. Sie studierte Kommunikationswissenschaften an der Universität Hohenheim mit den Schwerpunkten Politikwissenschaft, Markt- und Kommunikationsforschung und Internationale Kultursysteme. Ihre Arbeitsschwerpunkte sind Medien und Öffentlichkeit sowie Unternehmenskommunikation.

Angelika Tsaros studierte Anglistik und Amerikanistik in Graz und Thessaloniki und forschte im Zuge ihrer Doktorarbeit bis 2015 zu BDSM und sexuellem Konsens in Populärliteratur. Sie ist seit 2013 affiliiertes Mitglied am Berliner Institut für Queer Theory.

Elisabeth Wagner, Jg. 1963, Dr. phil., ist Soziologin und lebt in Frankfurt am Main. Seit 1999 ist sie wissenschaftliche Mitarbeiterin an der Universität des 3. Lebensalters an der Goethe-Universität Frankfurt. Hier leitet sie Seminare zu aktuellen sexualwissenschaftlichen Fragen, sexueller Vielfalt und sexuellem Wandel. Ihre Arbeits- und Forschungsschwerpunkte sind die soziologische Sexualwissenschaft und die Wissenssoziologie. 2014 erschien ihre Dissertation *Grenzbewusster Sadomasochismus: SM-Sexualität zwischen Normbruch und Normbestätigung*.

Volker Woltersdorff alias Lore Logorrhöe, Dr. phil., Jg. 1971, ist als freischaffender Kulturwissenschaftler und Queertheoretiker tätig. Von 2011 bis 2015 war er Fellow bzw. Affiliated Fellow am Institute for Cultural Inquiry ICI Berlin. Davor war er zwölf Jahre wissenschaftlicher Mitarbeiter an der Freien Universität

Berlin. Seine Forschungsschwerpunkte sind Theorien von Geschlecht, Sexualität und Herrschaft, Sadomasochismus, subkulturelle Ästhetiken, Intersektionalität von Heteronormativität und Kapitalismus. Zuletzt veröffentlichte er »Normalitätsregime von Geschlecht und Sexualität im Kontext von Arbeit« in dem 2015 von Christiane Micus-Loos und Melanie Plößer herausgegebenen Buch *Des eigenen Glückes Schmied_in!?* sowie 2015 zusammen mit Nikita Dhawan, Antke Engel und Christoph F. Holzhey das Buch *Global Justice and Desire: Queering Economy*.

Psychosozial-Verlag

Cora C. Steinbach
Masochismus – Die Lust an der Last?
Über Alltagsmasochismus, Selbstsabotage und SM

2012 · 317 Seiten · Broschur
ISBN 978-3-8379-2230-1

Um ein erfolgreiches Leben zu führen, gilt es, einen liebevollen Umgang mit sich selbst zu pflegen, befriedigende Beziehungen gestalten zu können und seine Fähigkeiten in förderliche Taten umzusetzen.

Doch statt selbst-(wert-)dienlichem Denken und Handeln dominiert häufig ein negativer innerer Dialog, der nicht selten in selbstsabotierende Handlungen mündet – sei es im Hinblick auf die Gesundheit, die Partnerwahl oder den Beruf. Dies ist aber nur eine Ausprägung des von der Autorin analysierten facettenreichen Phänomens: Masochismus umfasst sowohl nichtsexuelle als auch sexuelle Formen, die sich je unterschiedlich auf das Leben auswirken.

Die vorliegende qualitative Studie nähert sich der Vielfalt an Masochismen mit folgenden Fragestellungen an: Woher kommt masochistisches Denken und Verhalten? Welche Lebensereignisse können zu einer sexuellen masochistischen Neigung beitragen? Wann wird Masochismus pathologisch? Mit welchen Hindernissen ist dann bei einer Therapie zu rechnen?

»Diesem Buch ist ein großer Leserkreis zu wünschen, denn es bietet sowohl für Fachleute als auch für Laien sehr aufschlussreiche und zum Weiterdenken anregende Inhalte.«
Prof. Dr. Wolfgang Mertens

Walltorstr. 10 · 35390 Gießen · Tel. 0641-969978-18 · Fax 0641-969978-19
bestellung@psychosozial-verlag.de · www.psychosozial-verlag.de

Psychosozial-Verlag

Andreas Hill, Peer Briken, Wolfgang Berner (Hg.)
Lust-voller Schmerz
Sadomasochistische Perspektiven

2008 · 278 Seiten · Broschur
ISBN 978-3-89806-843-7

Dieses Buch nähert sich dem Phänomen Sadomasochismus, dem Paradoxon von der Lust am Schmerz, an der Demütigung und der Ohnmacht, aus theologisch-kunsthistorischen, kulturtheoretisch-subkulturellen und psychologisch-psychiatrischen Perspektiven. Die Autoren aus sehr unterschiedlichen Disziplinen gehen u. a. der Frage nach, wann Sadomasochismus eine Lebensform, wann eine Störung ist und welche Beiträge er zum Selbstverständnis einer Kultur und eines Individuums leistet.

Mit Beiträgen von N. Becker, S. Becker, W. Berner, U. Brandenburg, P. Briken, N. Elb, P. Gorsen, A. Hill, J. Hoyer, S. Krege, K. Passig (ausgezeichnet mit dem Ingeborg-Bachmann-Preis 2006), J. Rathbone, V. Sigusch, H. Tiedemann, E. Welldon und V. Woltersdorff

Dieser Band nähert sich dem Phänomen Sadomasochismus interdisziplinär und lässt sowohl Vertreter der S/M-Subkultur als auch Kliniker und Kulturwissenschaftler zu Wort kommen.

Walltorstr. 10 · 35390 Gießen · Tel. 0641-969978-18 · Fax 0641-969978-19
bestellung@psychosozial-verlag.de · www.psychosozial-verlag.de